O DIAGNÓSTICO DE TDAH TRATADO NA ESCOLA

Uma pesquisa de conhecimento

Monique Ferreira Monteiro Beltrão

Artesã

O diagnóstico de TDAH tratado na escola:
uma pesquisa de conhecimento

COORDENAÇÃO EDITORIAL
Karol Oliveira

DIREÇÃO DE ARTE
Tiago Rabello

REVISÃO
Lourdes da Silva do Nascimento

CAPA
Karol Oliveira

DIAGRAMAÇÃO
Luís Otávio Ferreira

B453 Beltrão, Monique Ferreira Monteiro.
O diagnóstico de TDAH tratado na escola : uma pesquisa de conhecimento / Monique Ferreira Monteiro Beltrão. – Belo Horizonte : Artesã, 2020.
184 p. ; 23 cm.
ISBN: 978-65-86140-39-2

1. Educação. 2. Inclusão escolar. 3. Distúrbio do déficit de atenção com hiperatividade. I. Título.

CDU 376

Catalogação: Aline M. Sima CRB-6/2645

IMPRESSO NO BRASIL
Printed in Brazil

(31)2511-2040 (31)99403-2227
www.artesaeditora.com.br
Rua Rio Pomba 455, Carlos Prates - Cep: 30720-290 I Belo Horizonte - MG
/artesaeditora

AGRADECIMENTOS

A Deus por me oferecer a ideia da pesquisa, Aos meus pais amados Indiara e Jairo Monteiro, a minha irmã Maria Inez por me acompanhar em todos os lugares de pesquisa e para estudo, me dando força e me ajudando a fazer o melhor. Ao meu filho Lucas Gabriel por concordar com as minhas ausências para estudar e pesquisar em prol de uma educação de qualidade e de prontidão para a eficácia.

LISTA DE SIGLAS

AEE	Atendimento Educacional Especializado
APA	Associação Psiquiátrica Americano
CEB	Conselho de Educação Básica
CENESP	Centro Nacional de Educação especial
CFE	CFE – Conselho Federal de Educação
CNE	Conselho Nacional de Educação
DCFP	Diretrizes Curriculares para a Formação de Professores da Educação Básica
DSM	Diagnóstico de Saúde Mental
D.T	Designação Temporária
EE	Educação Especial
EJA	Educação de Jovens e Adultos
EPT	Educação Profissional e Tecnologia
DSM	Diagnóstico de Saúde Mental
DT	Designação Temporária
EE	Educação Especial
EJA	Educação de Jovens e Adultos
EPT	Educação Profissional e Tecnologia
EaD	Educação à Distância
IBGE	Instituto Brasileiro de Geografia e Estatística
IBC	Instituto Benjamim Constant
INEP	Instituto Nacional da Educação Especial
INES	Instituto Nacional de Educação Surdo
LDB ou LDBEN	Lei de Diretrizes e Bases da Educação Nacional
MEC	Ministério da Educação e Cultura
N.E.	Necessidades Especiais
N.E.E	Necessidades Educativas Especiais
P.A.	Problema de Aprendizagem

PDE	Plano de Desenvolvimento da Educação
PDI	Plano de Desenvolvimento Individual
PCNs	Parâmetros Curriculares Nacionais
PMVV	Prefeitura Municipal de Vila Velha
PNE	Plano Nacional de Educação
SECADI	Secretaria de Educação Continuada, Alfabetização, Diversidade e Inclusão
SEDU	Secretaria Estadual de Educação
SEMED	Secretaria Municipal de Educação
SEMPLA	Secretaria Municipal de Planejamento, Orçamento e Gestão
TCU	Tribunal de Contas da União
TDA	Transtorno de Déficit de Atenção.
TDAH	Transtorno de Déficit de Atenção com Hiperatividade
TOD	Transtorno Desafiador Opositor
TI	Tempo Integral
TOC	Transtorno Obsessivo Compulsivo
UMEF	Unidade Municipal de Ensino Fundamental

LISTA DE QUADROS

LISTA DE FIGURAS

LISTA DE GRÁFICOS

PREFÁCIO

O presente trabalho consiste em um estudo sobre formação e profissionalização docente, abordando a questão do Transtorno de Déficit de Atenção no que se refere às suas características, formas de desenvolvimento no cotidiano escolar e análise das dimensões pedagógicas do atendimento direcionado e personalizado pelo professor ao aluno com diagnóstico, no contexto educacional. O Transtorno do Déficit de Atenção e Hiperatividade (TDAH) é considerado pelos educadores um fator preocupante, principalmente na fase escolar. Caracterizado pelos sintomas de desatenção, impulsividade e hiperatividade, afeta de 3 a 5% das crianças. É um transtorno neurobiológico, de causas genéticas, que aparece na infância e frequentemente acompanha o indivíduo por toda a sua vida. A Escola está diante desta realidade, devendo ser cuidadosa, inclusiva e prestativa no sentido de traduzir educação, acompanhamento e nivelamento da proposta educacional. Para a realização deste estudo, o percurso metodológico foi exploratório e descritivo, o que nos permitiu alcançar os objetivos propostos de modo concreto, bem como as respostas às perguntas específicas. O resultado deixa claro que a maioria dos docentes corrobora a ideia de que o aluno possuidor de laudo de TDAH seja integrado ao escopo de atendimento e acompanhamento da Educação Especial. O TDAH existe e precisa ser visto com mais cautela e profissionalismo pela gestão municipal dos nossos Estados e deve ter atendimento incluído nas questões da Educação Especial e de toda equipe que trabalha com alunos com diagnósticos expressivos. Só assim, poderemos ter melhores notícias e amparar o sujeito com cobertura metodológica específica para os determinados casos. Desse modo, teremos um trabalho de sala de aula significativo, conclusivo e eficaz para todos.

Dra. Monique Ferreira Monteiro Beltrão

INTRODUÇÃO

Incluir, antes de tudo, é garantir a igualdade no sentido mais amplo da palavra, a todos, sem distinção de raça, de crença, de culturas, de deficiências e de escolhas, conforme preconizam leis, decretos e senso comum.

No Brasil, cerca de 10% da população tem necessidades especiais, e mais da metade dos casos pode ser evitada com assistência médica adequada no pré-natal, no momento do parto, nas doenças infantis, em acidentes. Todos, independentemente de suas deficiências, de suas necessidades especiais educacionais, advindas de deficiências ou de problemas comportamentais ou relacionais, têm direito à educação garantida por Lei.

Este estudo é composto de vários caminhos, diz respeito à Educação Inclusiva, em que se pretende mostrar que a temática é inópia[1] e abarca complexidades.[2] Destacam-se: a escola, o professor, as atitudes fundamentais em educação e o papel da família no processo inclusivo, com seus principais atributos.

Abordaremos as atitudes fundamentais em educação, abarcando a necessidade da inclusão para educar-se, e a importância de o aluno com laudo de Transtorno de Déficit de Atenção com ou sem Hiperatividade (TDAH) participar do processo de inclusão, fazendo parte do escopo das doenças trabalhadas pela Educação Especial, na Prefeitura Municipal de Vila Velha, no Espírito Santo.

Configura-se enquanto ideia central compreender a justificativa pela qual este transtorno ainda não está sendo considerado como necessidade educativa especial (NEE) por este órgão e nas relativas escolas de Ensino Fundamental. A necessidade urge. A falta de inclinações para essa necessidade deixa vulnerável a situação dos alunos e de suas famílias nesta primordial etapa acadêmica.

Diante do exposto, configura-se como incentivo investigar a forma como o professor trabalha com esse aluno, e do que necessita para atuar

---

1 Premente, necessária.

2 Multiforme; heterogêneo.

especificamente nas escolas do município de Vila Velha, para poder conduzi-lo da melhor maneira possível, incluindo-o no processo de ensino aprendizagem e acompanhando-o no processo de escolarização, com vistas a ajustá-lo e favorecê-lo enquanto cidadão no mundo.

O pensamento que tem nos conduzido à pesquisa muito se assemelha ao conto de Saramago (1998) "O conto da ilha desconhecida", o qual me arrisco a parafrasear, partindo do pressuposto de que na introdução podemos ousar a ser menos formais e nos permitir devaneios... Diz o conto que um impetrante foi ao palácio real, mesmo sabendo que o rei vivia sempre distante de seus súditos, e ao adentrar próximo à porta real, pediu para falar-lhe. Os serviçais disseram-lhe ser impossível, e depois de três dias, numa interminável expectativa, o superior felizmente veio ouvir-lhe: "que é que tu queres?". O homem rapidamente respondeu-lhe: "preciso de um barco!". E o diálogo prolongou-se:

> Para que queres um barco? E aquele homem respondeu: Preciso navegar ir à busca das ilhas desconhecidas! O rei indignado com tamanho atrevimento retrucou, dizendo-lhe que não havia mais "ilhas desconhecidas", que todas estavam nos mapas! E, o homem determinado sabiamente replicou: vossa majestade, realmente só constam nos mapas apenas as "ilhas conhecidas", preciso ir a busca das que ainda existem denominadas de "desconhecidas"... E o rei para terminar logo com todos aqueles argumentos, oferece-lhe o barco, com a condição de que teria que ir sozinho... (Saramago, 1998, p. 29).

Destarte, é evidente a semelhança da metáfora de Saramago com nossa inquietação acadêmica. Carecemos dos sonhos para sairmos e descobrirmos "as ilhas desconhecidas", não nos acomodando com a certeza das "ilhas conhecidas" e pensando que tudo está nos mapas. Isso significaria minimizar as descobertas ou "[...] aprisionar as aprendizagens pela instauração do ensino dogmático" (Saramago, 1998, p. 4).

A questão da diferença, tanto refletida por inúmeros autores e pesquisadores, sempre reservada nas formações de professores no ambiente escolar, e mesmo no ambiente social, parece-nos não conseguir alcançar o nível mínimo de entendimento e flexibilização nos trabalhos pedagógicos.

Em 1994, é publicada a Política Nacional de Educação, que em seu texto não provoca mudanças curriculares para atender aqueles que não conseguem acompanhar os "ditos normais", e sim uma integração instrucional: os alunos com deficiência podem frequentar a sala de aula do ensino comum regular, porém as aprendizagens ficam na responsabilidade de exclusiva da educação especial.

Ainda nesse ano, a Declaração de Salamanca vem abordar Direitos Humanos e aponta para uma pedagogia centrada na criança e que traz princípios de uma educação especial como direito de todos para aprender em todas as modalidades de ensino, devendo as estratégias, as adequações e as mediações pedagógicas atender suas necessidades educacionais. Essa declaração amplia o conceito de necessidades educacionais especiais e inclui todos na ideia de Núcleo de Educação Especial, pois passou a incluir, além das crianças com deficiências, aquelas que também apresentam dificuldades para aprender, tanto as dificuldades temporárias quanto as permanentes, mas que necessitam de uma intervenção pedagógica que favoreça suas aprendizagens. Essa declaração traz consigo o princípio de educação inclusiva, em que todos aprendam juntos, independentemente de quaisquer dificuldades ou diferenças que possuam. Contudo, ainda hoje os alunos com Transtorno de Déficit de Atenção com ou sem Hiperatividade (TDAH) não são contemplados nas legislações educacionais das escolas do município de Vila Velha-ES.

Concordamos com Menezes e Santos (2002, p. 32), quando afirmam que: "[...]. Dentro das escolas inclusivas, as crianças com necessidades educacionais especiais deveriam receber qualquer apoio extra que possam precisar, para que se lhes assegure uma educação efetiva". Reafirma-se, pois, o aspecto de que a educação que se faz na escola deve ser inclusiva, possibilitando o aprendizado de todas as pessoas.

Cabem-nos, a partir de então, intrigantes questionamentos: De que maneira contribuir para a implementação de uma prática pedagógica na perspectiva da educação inclusiva? O trabalho pedagógico de acompanhamento em sala de aula influencia o rendimento do aluno com TDAH? A Prefeitura de Vila Velha deve incluir os alunos com diagnóstico de TDAH no seu escopo de atendimento?

As crianças que apresentam laudo médico determinando a doença TDAH não são atendidas pelo setor de Educação Especial, nem pelo professor regente, com atividades específicas e personalizadas; entrementes, deveriam ser atendidas pelo profissional de Educação Especial e pela professora regente de turma, conjuntamente. Releva-se, então, o fato de que tal diagnóstico não faz parte do escopo de doenças a serem tratadas e acompanhadas pelo setor de inclusão das escolas públicas municipais de Vila Velha-ES.

Buscando respostas para essas questões, deparo-me com o pensamento de Paulo Freire e encontro elementos que contribuem para uma prática educativa inclusiva na escola de ensino regular, a qual pode auxiliar no processo de reflexão dos profissionais da escola. O referido e memorável autor indignava-se quanto aos esfarrapados do mundo, frutos do pensamento neoliberal, cuja ideologia fatalista "recusa inflexível ao sonho e à utopia". Diante disso, consideramos sua grande contribuição para o movimento inclusivo nas escolas e a autonomia das pessoas com necessidades especiais na sociedade.

A concepção de Paulo Freire sobre o homem e o mundo não está dissociada. O pensamento dele é original porque o concebe a partir de si e, assim, numa reflexão dialógica com seu contexto socio-histórico e cultural. Sua concepção de homem implica a escuta de quem é o outro. E a concepção de homem remete-nos a um ser inserido no mundo, envolvido cultural, histórica e socialmente.

Genuinamente, a concepção de homem e de mundo do filósofo Paulo Freire requer a ética sempre, tanto a ética universal quanto aquela que envolve o compromisso ao respeito às relações humanas. Penso que daí surge o compromisso ético de ensinar: compreender a dimensão do ser humano, no seu contexto histórico e social.

Entende-se que o reconhecimento desses direitos é fundamental para pensar uma sociedade marcada pela justiça social e pela inclusão. Entretanto, sabemos que ainda falta muito para se chegar a esse ideal de inclusão social. Vivemos numa sociedade com tendência a homogeneizar as pessoas, desconsiderando as diferenças. Portanto, grupos que historicamente são excluídos por critérios de normalidade encontraram nos dias atuais um modo de ver o mundo inclusivo, que tende a nos contagiar; a teoria que o envolve remete-nos aos valores e conceitos humanos fundamentais e que devem ser respeitados.

Assim, vemos na proposta inclusiva questionamentos sobre a normalidade e os estudos posteriores sobre a diferença e a diversidade. Os momentos na história que caracterizaram o atendimento às pessoas com deficiência, transtornos globais do desenvolvimento e altas habilidades e superdotação – a segregação, a integração e a inclusão seguem uma direção em que há um veemente reconhecimento das diferenças, da diversidade e do direito de todos à educação.

Segundo Montoan (2003), a inclusão não ocorre apenas com a efetivação da matrícula de forma segmentada do ensino, abrangendo sua divisão na modalidade regular especial, ocorrendo, dessa forma, uma divisão da potencialidade de ensino aprendizagem dos alunos – o que acarreta a exclusão dos alunos com deficiência e a ausência de sua inserção na rede regular de ensino de qualidade.

É necessário reestruturar o sistema de ensino para que se possa efetivar a educação inclusiva, visando, dessa forma, implementar medidas que assegurem a devida capacitação dos professores que irão desenvolver o processo de ensino e aprendizagem e o apoio técnico especializado na área de educação especial, entre outras medidas que serão citadas ao longo deste trabalho, visando atingir o processo de ensino de forma satisfatória.

No esforço de esclarecer teoricamente os aspectos relevantes da temática em questão, este estudo está subdividido da seguinte forma:

- marco teórico: discorremos sobre os Antecedentes da Investigação, a Educação, seus processos e possibilidades, a Formação de Professores e o Transtorno de Déficit de Atenção;
- percurso metodológico: esclarecemos todos os caminhos técnicos e metodológicos que demarcaram a população e amostra pesquisadas;
- interpretação e análise dos dados: possibilita-nos inferir que há necessidade de (re)considerações legais quanto ao atendimento aos portadores do Transtorno de Déficit de Atenção, bem como a escola, diante dessa realidade, precisa ser inclusiva ao traduzir educação, acompanhamento e nivelamento da proposta educacional a todos.

Sendo assim, evidencia-se a importância deste estudo como fonte de informações aos órgãos municipais, bem como aos profissionais, com vistas a (re)formulações positivas que atentem à questão do Transtorno de Déficit de Atenção enquanto necessidade educativa especial que deve ser respeitada e oficialmente atendida, servindo de modelo e exemplo de política pública educacional no nosso Estado.

1

PLANEJAMENTO DO PROBLEMA

Desde a Constituição Federal de 1988 e durante a última década, nosso país registrou grandes avanços em relação à legislação, recomendações e diretrizes que asseguram os direitos sociais e a inclusão das pessoas com deficiência, na escola, no trabalho e na sociedade. Esses documentos preconizam a inclusão e propõem uma parceria entre União, Estados e Municípios na implementação de ações intersetoriais que viabilizem uma educação voltada para o atendimento às necessidades educacionais especiais decorrentes ou não de deficiências – o que faz toda a diferença nos movimentos voltados à inclusão social e fortalece os princípios da não segregação.

É uma árdua batalha garantir que todos tenham direitos educacionais assegurados, que as escolas sejam adaptadas para receber e acolher, que os professores recebam e trabalhem os alunos de sua classe como iguais, com dedicação, respeito e competência. Tarefa difícil por tratar-se de pessoas diferentes assumindo condições também diferentes e de extrema necessidade como a do professor, e a partir da inclusão social é que se torna possível uma sociedade igualitária e consciente de seus direitos e deveres.

Hoje, um aluno com Transtorno de Déficit de Atenção, com ou sem Hiperatividade, é excluído do processo acadêmico no que diz respeito à equidade e ao atendimento especializado por professores da Educação Especial (EE) ou pelo Setor de Atendimento Educacional Especializado (AEE). Desse modo, o aluno permanece só e desamparado. Aqui, estudaremos sobre o atendimento direcionado e personalizado, pelo professor, ao aluno com diagnóstico de TDAH, problema definido para este estudo.

As reflexões provocadas pelos processos inclusivos têm demonstrado disparidades significantes: de um lado, o ambiente escolar com a proposta da inclusão idealizada pelo professor especialista; de outro, a resistência dos professores de sala de aula regular a assumir[3] os alunos especiais em suas salas.

---

3 Quando descrevo o termo "assumir", significa o aluno atendido pela educação especial em sala de aula regular por seus professores; reporto-me à prática, a partir da qual encontramos exemplos. Constata-se que muitos profissionais têm dificuldade de entender que as limitações dos alunos ainda não atendidos pela Educação Especial é

Muitos professores delegam "suas funções" – no que tange ao atendimento aos alunos com deficiência, transtornos globais do desenvolvimento, altas habilidades e superdotação –, ao professor especialista da educação especial. Por exemplo, percebe-se em seus planejamentos não haver propostas pedagógicas específicas. Não obstante, a questão é preocupante porque, mesmo para os demais alunos, não há propostas metodológicas adequadas às diferentes demandas: os alunos ditos "normais" também são heterogêneos, nem por isso há recursos e/ou metodologias inovadoras que os alcancem e façam interessar-se pelo processo de aprendizagem.

As crianças que apresentam laudo médico determinando a doença TDAH não são atendidas pelo setor de Educação Especial, nem pelo professor regente, com atividades específicas e personalizadas. Este diagnóstico não faz parte do escopo de doenças a serem tratadas e acompanhadas pelo setor de inclusão da escola pública municipal de Vila Velha-ES.

1.1. PERGUNTAS ESPECÍFICAS

- As crianças devem ser incluídas neste processo e atendidas em suas dificuldades e necessidades?
- O trabalho pedagógico de acompanhamento em sala de aula influencia o rendimento do aluno com TDAH?
- O professor mediador de sala de aula consegue atender a todos os alunos de modo coerente e igual?
- A Escola possui pessoal qualificado para o atendimento desses jovens com diagnóstico de TDAH?
- A Prefeitura de Vila Velha-ES deve incluir os alunos com diagnóstico de TDAH no seu escopo de atendimento?

1.1.1. FORMULAÇÃO DO PROBLEMA

Após os questionamentos iniciais, surgiu a questão que pode ser contextualizada como segue: "Os profissionais que atuam no Ensino Fundamental I não têm preparação suficiente para atender as necessidades educativas dos Alunos com TDAH, e isso influencia o Rendimento acadêmico desses alunos". Deveremos aqui analisar as dimensões pedagógicas do atendimento direcionado e personalizado, pelo professor, ao aluno com diagnóstico de TDAH.

---

apenas uma variável, no contexto da sala de aula. Trabalhar com o desafio da educação desses alunos faz parte do papel do professor no desempenho de suas funções.

1.2. JUSTIFICATIVA

O Transtorno do Déficit de Atenção com Hiperatividade (TDAH) caracteriza-se por comportamentos que podem ser de desligamento, desatenção, "avoado" e atitudes impulsivas, hiperativas, agitadas. Seu diagnóstico é difícil porque não existe um teste específico para o TDAH. Esta doença, de causa desconhecida, geralmente se manifesta na infância e, se não for tratada, pode trazer problemas de aprendizado, comportamento, relacionamento e sentimentos para a criança.

Existe um contingente de crianças e jovens que, mesmo com condições educacionais ideais, teriam dificuldades para acompanhar o processo de aprendizagem e, apesar de os sinais desses transtornos serem identificados na escola, não são restritos a ela. Essas crianças têm dificuldades nas funções cognitivas de atenção e memória, em alguns aspectos do desenvolvimento da linguagem, social e até emocional, e é no ambiente escolar que estas dificuldades se tornam um problema maior e prejudicial, principalmente no Ensino Fundamental.

Os transtornos podem se acompanhar de outras anomalias. As crianças são frequentemente imprudentes e impulsivas, sujeitas a acidentes e incorrem em problemas disciplinares mais por infrações não premeditadas de regras do que por desafio deliberado. Suas relações com os adultos são frequentemente marcadas por uma ausência de inibição social, com falta de cautela e reserva normais. São impopulares com as outras crianças e podem se tornar isoladas socialmente. Esses transtornos se acompanham frequentemente de um déficit cognitivo e de um retardo específico do desenvolvimento da motricidade e da linguagem.

O TDAH é uma síndrome heterogênica, de etiologia multifatorial, dependente de fatores genéticos – familiares, adversidades biológicas e psicossociais –, caracterizada pela presença de um desempenho inapropriado nos mecanismos que regulam a atenção, a reflexibilidade e a atividade motora. Seu início é precoce, sua evolução tende a ser crônica, caracterizado pelos sintomas de déficit de atenção, hiperatividade e impulsividade (Relvas, 2008).

O TDAH vem sendo considerado pelos educadores como um fator preocupante, principalmente na fase escolar. Num período em que a criança inicia seu contato com a leitura e escrita, é necessário que mantenha sua atenção e concentração sustentada, a fim de que os objetivos pedagógicos propostos possam ser alcançados. Na idade escolar, crianças com TDAH apresentam maior probabilidade de repetência, evasão, baixo rendimento acadêmico e dificuldade emocionais e de relacionamento social, e pessoas que apresentam sintomas de TDAH na infância têm maior probabilidade de desenvolver problemas relacionados com comportamento (Cirio, 2008).

Uma vez diagnosticado o TDAH, esse aluno deve ser considerado como uma criança com necessidades educacionais especiais, pois, para que tenha garantidas as mesmas oportunidades de aprender que os demais colegas de sala de aula, serão necessárias algumas adaptações visando diminuir a ocorrência dos comportamentos indesejáveis que possam prejudicar seu progresso pedagógico: sentar o aluno na primeira carteira e distante da porta ou janela; reduzir o número de alunos em sala de aula; procurar manter uma rotina diária; propor atividades pouco extensas; intercalar momentos de explicação com os exercícios práticos; utilizar estratégias atrativas; explicar detalhadamente a proposta; tentar manter o máximo de silêncio possível; orientar a família sobre o transtorno; evitar situações que provoquem a distração.

Este trabalho vem, então, estudar a necessidade de acompanhamento e de inclusão desse transtorno no escopo das doenças tratadas e acompanhadas nas escolas públicas da prefeitura municipal de Vila Velha, visando favorecer os alunos na sua formação acadêmica de modo integral.

1.3. HIPÓTESE

As crianças que apresentam laudo médico determinando a doença TDAH não são atendidas pelo setor de Educação Especial, de modo significativo, sistemático e obrigatório, "ainda", e pelo professor regente com atividades específicas e personalizadas. Em alguns dos casos, são atendidas de modo a ter acesso momentâneo ao trabalho pedagógico. Causando estabilidade comportamental ao aluno durante o tempo de aula imediato.

O trabalho pedagógico para esta inclusão deve ser constante, para que possa influenciar o rendimento do aluno com TDAH.

1.4. OBJETIVOS

1.4.1. OBJETIVO GERAL

Analisar as características do trabalho pedagógico de acompanhamento em sala de aula por parte do professor com os alunos com laudo médico, portadores do diagnóstico de TDAH e suas necessidades específicas.

1.4.2. OBJETIVOS ESPECÍFICOS

1. Identificar as causas e características do TDAH.
2. Levantar o problema em percentual das escolas do Ensino Fundamental I, sobre TDAH, no município de Vila Velha.
3. Identificar e analisar as necessidades pedagógicas dos professores quanto a trabalhar com estudantes com TDAH.
4. Diagnosticar as necessidades pedagógicas dos alunos quanto ao seu trabalho e aprendizagem em sala de aula.
5. Elaborar a proposta de um plano de formação de professores.

1.5. VARIÁVEIS

1.5.1. VARIÁVEL DEPENDENTE

O trabalho pedagógico do professor regente de turma e mediador da aprendizagem, com alunos diagnosticados com TDAH em sala de aula.

1.5.2. VARIÁVEL INDEPENDENTE

Processo de capacitação de professores do Ensino Fundamental I, sobre o TDAH.

1.6. TÉCNICA DE COLETA DE DADOS

A coleta de dados propriamente dita foi feita a partir de uma combinação de diferentes técnicas: inicialmente, realizamos análise documental dos alunos com possível diagnóstico, com ou sem o laudo médico, verificando as diferenças entre os alunos com laudos e os alunos não possuidores do laudo e sem o problema do transtorno, relação entre a teoria e a prática, caráter pedagógico ou específico.

Com a intenção de aprofundar nossos estudos, foi aplicado um questionário composto por perguntas abertas e fechadas, permitindo ao informante explicitar opiniões e argumentos, além de favorecer o desdobramento de questões que possibilitem descobertas e a compreensão do transtorno sob a ótica do informante, propiciando maior aprofundamento em nossa investigação. Foram realizadas durante as reuniões de atividades e trabalhos pedagógicos coletivos, com todos os envolvidos na pesquisa, ou seja, professores e membros da equipe pedagógica.

É importante ressaltar que, apesar das vantagens apresentadas, o questionário, por si só, não garante a fidelidade aos dados e informações coletadas. Ele deve ser utilizado em conjunto com outros métodos de coleta de dados, para que os resultados qualitativos esperados possam ser fidedignos e retratar realmente o universo no qual está inserido o objeto da pesquisa. Dessa forma, completamos nossa pesquisa com a técnica de observação direta, em que o pesquisador está dentro do processo, em uma Escola Municipal, com professores, em diferentes anos/séries do Ensino Fundamental I, registrando suas percepções em relação às práticas desenvolvidas pelo docente (dificuldades/facilidades), às atitudes e desenvolturas dos alunos (dificuldades/facilidades), no momento de ensino-aprendizagem, e os recursos pedagógicos utilizados durante as aulas e tempo escolar.

1.7. VIABILIDADE

- Consentimento da instituição Prefeitura Municipal de Vila Velha – SEMED.
- Disponibilidade dos Professores (Professores, Pedagogos e Direção);
- Materiais para pesquisa.

1.8. DELIMITAÇÕES DO ESTUDO

O percurso do Professor do Ensino Fundamental I e a prática exercida em sala de aula: que tipo de formação profissional docente se quer e se precisa para enfrentar a realidade em sala de aula com alunos com o diagnóstico de TDAH.

Enfoque:

- alunos indicando a presença do TDAH ou a presença do TDAH com Laudo Médico;
- professores regentes das salas de aula das escolas pesquisadas do Ensino Fundamental I do 1° ao 5° anos;
- nortear o trabalho pedagógico por meio da funcionalidade e aplicabilidade dos recursos pedagógicos direcionados aos alunos com ou sem o laudo diagnosticado com TDAH, promovendo autonomia e habilidades dos professores para influenciar de modo criativo, respaldado e necessário, o trabalho com estes alunos na sala de aula;
- promover atuação contínua e intersetorial, na elaboração de estratégias e na disponibilização de recursos e atenção pedagógica para a acessibilidade destes alunos ao processo de escolarização e suas possibilidades.

2

MARCO TEÓRICO REFERENCIAL

2.1. ANTECEDENTES DA INVESTIGAÇÃO

Observa-se que a Educação Especial no Brasil teve seu marco ainda no período imperial. Inspirado por Couto Ferraz – ministro do Império – e pelo trabalho do jovem cego José Alvares de Azevedo – que educou com sucesso a filha do Dr. Sigaud, médico da família imperial –, Dom Pedro II cria o Instituto dos Meninos Cegos. No ano de 1891, o instituto passa a ser chamado de Instituto Benjamim Constant (IBC). Em 1857, Dom Pedro II cria o Instituto Imperial dos Surdos, que, em 1957, passa a chamar-se Instituto Nacional de Educação do Surdo (INES).

Em 1874, teve início o tratamento de deficientes mentais no hospital psiquiátrico da Bahia (hoje Hospital Juliano Moreira). Após a proclamação da República, a deficiência mental passa a ter destaque nas Políticas Públicas. Por volta de 1930, surgiram várias instituições para cuidar da deficiência mental, em número superior se comparado ao das instituições voltadas para outras deficiências.

Nesse contexto, surge a Lei nº 4.024/1961 – antiga Lei de Diretrizes e Bases de Educação Nacional –, que previa o direito dos "excepcionais" à educação, preferencialmente dentro do sistema geral de ensino. Porém, o teor dessa lei previa que a educação desses indivíduos partisse da integração deles na comunidade, ficando claro, desse modo, que se pretendia integrar, na medida do possível, todos os alunos com deficiência ou não ao processo Educacional. Assim, os alunos com dificuldades também eram matriculados, o que caracteriza um fator contraditório à LDB.

A Lei nº 5.692/1971 altera a LDB de 1961 e define o "tratamento especial" como destinado a alunos com deficiências físicas e mentais que se encontravam em atraso considerável quanto à idade regular de matrícula e os superdotados. O texto da lei não promove a organização de um sistema de ensino capaz de atender as necessidades educacionais especiais e assim, reforça o encaminhamento dos alunos para as classes e escolas especiais.

No ano de 1973, o MEC cria o Centro Nacional de Educação Especial (CENESP), responsável pela gerência da educação especial no Brasil, que, sob a égide integracionista, impulsionou ações educacionais voltadas às pessoas com deficiência e superdotação.

No entanto, nesse período não se efetivou uma política pública de acesso Universal à educação, permanecendo a concepção de políticas especiais para tratar da educação de alunos com deficiência. Para os alunos com superdotação, não é criado um atendimento especializado que considere as suas singularidades de aprendizagem.

A Lei nº 7.853, de 1989, dispõe sobre o apoio às pessoas com deficiência e sua integração social. O texto prevê a oferta obrigatória e gratuita de educação especial na rede pública de ensino e o oferecimento obrigatório de programas de Educação Especial em nível de pré-escola, em unidades hospitalares e congêneres nas quais esteja internado, por prazo igual ou superior a um ano, algum educando portador de deficiência, com matrícula compulsória em cursos regulares de estabelecimentos públicos e particulares; essa lei confere também crime punível de reclusão de 1 a 4 anos e, ainda, multa a quem não respeitar a legislação e privar alunos e alunas de frequentarem a escola por motivos derivados da deficiência.

A Declaração de Jomtien, em 1990, determina o fim dos preconceitos e estereótipos de qualquer natureza na Educação. Com essa determinação do fim do preconceito, os países relembram que a educação é um direito de todos, incluem-se: mulheres e homens de todas as idades e em todas as nações. O marco importante também nessa declaração é que a educação é vista como de fundamental importância para o desenvolvimento das pessoas e da sociedade, como um elemento que pode contribuir para conquistar um mundo mais seguro; e, ao mesmo tempo, a educação é um progresso social, econômico e cultural.

A partir da assinatura dessa declaração, o Brasil assume o compromisso perante a comunidade internacional de erradicar o analfabetismo e universalizar o ensino fundamental do país. Diante do cumprimento firmado na Declaração de Jomtien, o Brasil vem criando instrumentos capazes de nortear a ação educacional e documentos legais que possam apoiar a construção de sistemas educacionais inclusivos, nas diferentes esferas públicas, municipais e estaduais. Esse pacto de inclusão formalizado em Jomtien faz com que se comece a pensar na inclusão de todos e todas.

A Constituição Federal de 1988 traz como objetivo fundamental "promover o bem de todos, sem preconceitos de origem, raça, sexo, cor, idade e quaisquer outras formas de discriminação", em seu artigo 3º, inciso IV, e define, no artigo 205, a educação como um direito de todos, garantindo o pleno desenvolvimento da pessoa, o exercício da cidadania e a qualificação para o trabalho. No seu artigo 206, inciso I, estabelece a "igualdade de condições de acesso e permanência na escola" como um dos princípios para o ensino e intitula como dever do Estado a oferta do atendimento educacional especializado, preferencialmente na rede regular de ensino (artigo 208). No entanto, não define quem são os públicos-alvo do atendimento.

Vemos em Paulo Freire um pensamento extremamente humano em sua concepção social de homem, o que o impulsiona a propor uma pedagogia que se coloca contra as injustiças sociais. Proporciona-nos uma reflexão crítica sobre uma ideologia opressora, que tende a reduzir nossas ações, negando aos membros das camadas populares o acesso a bens materiais e simbólicos necessários a uma vida digna.

Para Freire, o opressor rouba o protagonismo dos sujeitos, fazendo prevalecer na sociedade a sua ideologia fragmentada e preconceituosa, negando aos oprimidos sua cidadania. Assim, o autor defende a transformação social na direção de superação das desigualdades sociais.

A emancipação de um povo tem a ver com a leitura que seus cidadãos fazem de si, preservando seus valores culturais num processo dialógico de si mesmos com o mundo. Esta é uma forma de manter a emancipação intelectual e social dos povos preservando suas características culturais, o que permitirá o seu desenvolvimento como nação. Sendo assim, para Freire, a educação tem um papel fundamental, no sentido de desenvolver nas camadas populares a autonomia. No pensamento do autor, a educação é um ato político:

> [...] é que me acho absolutamente convencido da natureza ética da prática educativa enquanto prática especificamente humana [...], de tal maneira submetidos ao comando da malvadez da ética do mercado, que parece ser pouco, tudo o que façamos na defesa e na prática da ética universal do ser humano. [...]. Estou falando da ética enquanto marca da natureza humana, enquanto algo absolutamente indispensável à convivência humana [...] (Freire, 2015, p. 19-21).

Em seu livro *Pedagogia da autonomia*, Paulo Freire fala da amorosidade que permeia o ato de ensinar, o afeto envolvido nessa relação e o consequente respeito à dignidade e autonomia do educando. Nessa mesma obra, o autor discute sobre o "saber-fazer" e o "saber-ser" pedagógicos.

Para Freire, as qualidades indispensáveis à autoridade são a liberdade e a generosidade. Dessa forma, "o clima de respeito que nasce de relações justas, sérias, humildes, generosas, em que a autoridade docente e as liberdades dos alunos se assumem eticamente, autentica o caráter formador do espaço pedagógico" (Freire, 2015, p. 34). Em contrapartida, o autor critica a arrogância no processo educativo, pois ela julga os outros de forma indulgente: "a arrogância que nega a generosidade nega também a humildade, que não é virtude dos que ofendem nem tampouco dos que se regozijam com sua humilhação" (Freire, 2015, p. 90).

Freire (2005), em seu livro *A importância do ato de ler*, já enunciava que sua concepção de homem e de mundo tinha origem nas experiências remotas de sua infância. Considera que aprender a ler envolve uma leitura do texto e do contexto. Primeiro, a leitura de mundo, origem de sua experiência existencial, depois a palavra, que nem sempre descreve a composição "palavra mundo": "[...] A leitura do mundo precede a leitura da palavra, daí que a posterior leitura desta não possa prescindir da continuidade da leitura daquele. Linguagem e realidade se prendem dinamicamente [...]" (Freire, 1992, p. 11).

No mesmo livro, apresenta algumas lembranças da infância com seus pares e no espaço-mundo em que vivia. Foram momentos difíceis como descreve, mas também de muita poesia e aprendizado:

> [...] a retomada da infância distante, buscando a compreensão do meu ato de "ler" o mundo particular em que movia – e até onde não sou traído pela memória –, me é absolutamente significativa. Neste esforço a que me vou entregando, re-crio, e re-vivo, no texto que escrevo, a experiência vivida no momento em que ainda não lia a palavra. Vejo-me então na casa mediana em que nasci, no Recife, rodeada de árvores, algumas delas como se fossem gente, tal a intimidade entre nós – à sua sombra brincava e em seus galhos mais dóceis à minha altura eu me experimentava em riscos menores que me preparavam para riscos e aventuras maiores. [...]. Na verdade aquele mundo especial se dava em mim como o mundo de minha atividade perceptiva, por isso mesmo como o mundo de minhas primeiras leituras. [...] (Freire, 1996, p. 12).

Percebemos, na leitura do universo familiar onde vivia, a forma como começava a ler o mundo. Quando tecia suas reminiscências de infância, percebíamos os valores humanos, projetados por sua família, que moldaram o homem que foi. Podemos, assim, dizer que suas dores/amores eram as minhas e nossas, de quem agora lê e que há de concordar, eram dores/amores extremamente humanas, dizia o autor: "sou um 'aventureiro' responsável predisposto a mudanças, à aceitação do diferente" (Freire, 1997, p. 13).

Consideramos importante aprimorar a discussão com a Declaração Mundial dos Direitos Humanos de 1948, que destaca a dignidade da pessoa humana, a justiça social, a liberdade e a igualdade de direitos, dentre outros aspectos. Segundo o art. 1º dessa Declaração: "todos os seres humanos nascem livres e iguais em dignidade e direitos, são dotados de razão e consciência e devem agir em relação uns aos outros com espírito de fraternidade".

A Declaração também chama a atenção para o direito de todas as pessoas serem consideradas com suas especificidades étnico-raciais, de gênero, religiosas, além da origem social e nacionalidade. E, em relação à educação escolar, afirma: "todo ser humano tem direito à instrução. A instrução será gratuita, pelo menos nos graus elementares e fundamentais. A instrução elementar será obrigatória". E destaca, ainda, o reconhecimento do direito de todos ao trabalho.

Outros documentos que trouxeram repercussões importantes para o movimento de inclusão social e escolar foram a Declaração Mundial sobre Educação para Todos, de 1990, e a Declaração de Salamanca, de 1994.

Apesar dos esforços dos países para garantir o direito à educação para todos preconizado pela Declaração Universal dos Direitos Humanos, o debate empreendido durante as conferências apontou que persistia a realidade de indiferença quanto às questões de gênero, raça, cor e classe social. Denunciavam-se sérios problemas de ordem econômica, ambiental e social em muitos países.

A Declaração de Salamanca defende a inclusão de todas as crianças e jovens com necessidades educativas especiais na escola regular. Para esta Declaração, Necessidades Educativas Especiais (NEE) dizem respeito a "[...] todas aquelas crianças ou jovens cujas necessidades educacionais especiais se originam em função de deficiências ou dificuldades de aprendizagem". E acrescenta que:

> Muitas crianças experimentam dificuldades de aprendizagem e, portanto, possuem necessidades educacionais especiais em algum ponto durante a sua escolarização. Escolas devem buscar formas de educar tais crianças bem-sucedidamente, incluindo aquelas que possuam desvantagens severas. (Declaração de Salamanca..., 1994).

Para os alunos com deficiência, a Declaração chama a atenção para o papel da educação especial e aponta que o ensino deve ser adaptado às necessidades da criança, às suas peculiaridades.

As Conferências de Jomtien e Salamanca foram momentos decisivos, os quais produziram diretrizes que promoveram ações e políticas no mundo inteiro, pontuando a inclusão de todos e as garantias de acessibilidade nas escolas e na sociedade, das pessoas público-alvo da educação especial. Esses documentos internacionais influenciaram a política de educação especial desenvolvida no Brasil.

Em 2001, foram publicadas as Diretrizes Nacionais para a Educação Especial na Educação Básica (Resolução CNE/CEB nº 2/2001), que destacam a obrigatoriedade da matrícula de todas as crianças e jovens com deficiência na escola regular e indicam a necessidade de organização dessa instituição para atender às especificidades desses sujeitos, como alterações no currículo, que deve se adequar às peculiaridades dos alunos. A lei preconiza no art. 2º que:

> Os sistemas de ensino devem matricular todos os alunos, cabendo às escolas organizar-se para o atendimento aos educandos com necessidades educacionais especiais, assegurando as condições necessárias para uma educação de qualidade para todos (Brasil, 2001).

Em 2008, foi lançada a Política Nacional de Educação Especial na Perspectiva Inclusiva, que, em sua introdução, relata que a inclusão é um movimento mundial político, cultural, social e pedagógico, defendendo o direito de todos os estudantes estarem juntos, sem nenhum tipo de discriminação. O paradigma inclusivista é fundamentado na concepção dos direitos humanos, tendo a igualdade e a diferença como valores indissociáveis.

A educação inclusiva assume centralidade no debate do papel da escola na superação da lógica da exclusão. A escola e as classes especiais passam a ser repensadas para que todos os estudantes tenham suas especificidades atendidas. Nos marcos históricos, é caracterizada a exclusão por políticas e práticas educacionais reprodutoras da ordem social. Com a democratização da escola e sua universalização, o paradoxo inclusão/exclusão é evidenciado, excluindo indivíduos considerados fora dos padrões, assim, a exclusão caracteriza as formas de segregação e integração.

Consequentemente, encontra-se nos marcos normativos a forma como a educação especial se organizou substituindo o ensino comum, levando à criação de instituições especializadas, escolas e classes especiais, fundamentadas no conceito de normalidade/anormalidade, determinando atendimento-clínico terapêutico, definindo práticas escolares para esses alunos. Procurou-se, ainda, organizar o atendimento às pessoas com deficiência, como o Imperial Instituto dos Meninos Cegos (1854) e o Instituto dos Surdos Mudos (1857).

A Lei de Diretrizes e Bases da Educação Nacional, Lei nº 4.024, de 1961, aponta para o direito deste alunado preferencialmente no sistema geral de ensino; e a Lei nº 5.692, de 1971, reforça este atendimento para as classes e escolas especiais. Em 1973, com a criação do Centro Nacional de Educação Especial (CENESP), ainda não é organizado um atendimento especializado que considere as suas singularidades de aprendizagem.

Apenas com a Constituição de 1988 é que emerge alguma reação para combater a discriminação. Em seu artigo 205, a CF define a educação como um direito de todos; no artigo 206, estabelece a "igualdade de condições de acesso e permanência"; e, no artigo 208, garante a oferta do Atendimento Educacional Especializado, preferencialmente na rede regular de ensino.

A LDB – Lei nº 9.394/96 –, em seu artigo 59, preconiza que os sistemas de ensino devem assegurar currículo, métodos, recurso e organização para atender as necessidades dos estudantes: terminalidade específica, aceleração de estudos etc. A Resolução CNE/CEB nº 2/2001 determina que as escolas devem matricular todos os estudantes e se organizar para o atendimento aos educandos com necessidades educacionais especiais.

Outras políticas em âmbito nacional e internacional, a partir do século XXI, destacam o avanço que a educação deveria produzir: seria uma escola inclusiva que atendesse à diversidade humana. A Resolução CNE/CP nº 1/2002 estabelece as Diretrizes Curriculares Nacionais para a Formação de Professores da Educação Básica, atendendo à diversidade e contemplando as especificidades da deficiência, transtornos globais e superdotação.

A Convenção sobre os Direitos da Pessoa com Deficiência (ONU-2006) é ratificada com força de Emenda Constitucional pelo Decreto Legislativo nº 186/2008 e pelo do Executivo nº 6.949/2009, assegurando a educação inclusiva em todos os níveis de ensino. Em 2007, temos o Plano de Desenvolvimento da Educação (PDE), cujos eixos são a formação de professores para a educação especial e a implantação de Sala de Recursos Multifuncionais, acesso e permanência etc.

O Conselho Nacional de Educação publica a Resolução CNE/CEB 04/2009, que institui as Diretrizes Operacionais para o Atendimento Educacional Especializado (AEE) na Educação Básica, e o Decreto nº 7.612/2011 institui o Plano Nacional dos Direitos da Pessoa com Deficiência – Viver sem Limite.

A Lei nº 13.005/2014, que institui o Plano Nacional de Educação (PNE), determina que os Estados, o Distrito Federal e os Municípios garantam o atendimento às necessidades específicas na educação especial, assegurando o sistema educacional inclusivo em todos os níveis, etapas e modalidades. Estas políticas são garantidas por meio do diagnóstico da Educação Especial feito anualmente em todas as escolas pelo Censo Escolar/MEC/INEP, com o intuito de compor os indicadores da educação especial.

O objetivo final desta política é romper com o paradigma médico/assistencialista de atendimento nas escolas relacionado à deficiência em contraposição à sua dimensão pedagógica. O desenvolvimento de estudos nos campos da educação e dos direitos humanos vem modificando tais conceitos, legislações e práticas educacionais, indicando a urgência de se promover uma reestruturação das escolas e da educação especial. As escolas regulares com orientação inclusiva são a nova perspectiva para se combater a discriminação, promovendo o atendimento aos estudantes público-alvo da educação especial.

Conforme o artigo 4º das Diretrizes Operacionais da Educação Especial, consideram-se:

> I - Alunos com deficiência: aqueles que têm impedimentos de longo prazo de natureza física, intelectual, mental ou sensorial.
> II - Alunos com transtornos globais do desenvolvimento: aqueles que apresentam um quadro de alterações no desenvolvimento neuropsicomotor, comprometimento nas relações sociais, na comunicação ou estereotipias motoras. Incluem-se nessa definição alunos com autismo clássico, síndrome de Asperger, síndrome de Rett, transtorno desintegrativo da infância (psicoses) e transtornos invasivos sem outra especificação.
> III - Alunos com altas habilidades/superdotação: aqueles que apresentam um potencial elevado e grande envolvimento com as áreas do conhecimento humano, isoladas ou combinadas: intelectual, liderança, psicomotora, artes e criatividade (Brasil, 2001, p. 1).

Os estudos mais recentes enfatizam que as definições e classificações devam ser contextualizadas, não se esgotando na mera especificação atribuída a uma deficiência, ao considerar que as pessoas se modificam continuamente.

Suas diretrizes perpassam todos os níveis de ensino e realizam o atendimento especializado: identificando, elaborando e organizando recursos pedagógicos e de acessibilidade considerando as necessidades específicas, e as atividades desenvolvidas no AEE diferenciam-se daquelas realizadas na sala de aula comum. Nesse atendimento, são disponibilizados programas de enriquecimento curricular, o ensino de linguagens e códigos específicos de comunicação e sinalização e tecnologia assistiva. Esse atendimento deve estar articulado com a proposta pedagógica do ensino comum.

Analisando a Política de Educação Especial na Perspectiva da Educação Inclusiva, observamos avanços em relação à educação de crianças e jovens com deficiência, transtornos globais do desenvolvimento, altas habilidades e superdotação. Entretanto, sabemos que os processos de autonomia e independência das pessoas público-alvo da educação especial e sua mobilidade no mundo ainda enfrentam barreiras excludentes que as colocam, muitas vezes, à margem dos ganhos e trocas dos contextos culturais e sociais nos quais estão inseridas. Entendemos que tal prática diz respeito àqueles que desconhecem suas possibilidades como seres humanos, também, diferentes.

Resta-nos questionar: e o portador do laudo de TDAH? Onde se esclarece o cuidado com essas pessoas? A educação inclusiva tem como meta incluir pessoas com deficiência ou com distúrbio de aprendizagem nas instituições de ensino, preferencialmente na rede regular de ensino, abrangendo todas as suas modalidades, de acordo com a potencialidade máxima de ensino que o aluno especial poderá atingir.

Estudaremos então a possibilidade de essa inclusão alcançar os alunos com laudo médico constatando o transtorno de déficit de atenção com ou sem hiperatividade, para as prefeituras e, em especial, a prefeitura municipal de Vila Velha no Espírito Santo, Região Sudeste do Brasil.

Houve significativa evolução conceitual e recomendações aos sistemas de ensino para a necessidade de se organizarem, estruturarem e elaborarem projetos pedagógicos que valorizem a participação efetiva da família, da comunidade escolar e das instituições especializadas para que atuem como suporte à escolarização realizada pela rede regular de ensino, a fim de que, unindo forças e trabalhando conjuntamente, os resultados sejam otimizados. Desse modo, construiremos o nosso trabalho.

2.2. A EDUCAÇÃO E ALGUMAS POSSIBILIDADES

> "Não é possível fazer uma reflexão sobre o que é a educação sem refletir sobre o próprio homem". (Paulo Freire).

Como marco teórico, analisaremos a formação do professor na visão profissional e na perspectiva da formação pedagógica no que diz respeito ao seu trabalho diferenciado com o aluno portador do laudo de TDAH. Observando os processos da alternância de ação-reflexão, apoiamo-nos na abordagem reflexiva, na busca da prática docente em sala de aula.

O Transtorno do Déficit de Atenção com Hiperatividade (TDAH) caracteriza-se por comportamentos que podem ser de desligamento, desatenção, "avoado" e atitudes impulsivas, hiperativas, agitadas. Seu diagnóstico é difícil porque não existe um teste específico para o TDAH. Esta doença, de causa desconhecida, geralmente se manifesta na infância e, se não for tratada, pode trazer problemas de aprendizado, comportamento, relacionamento e sentimentos para a criança.

O TDAH é uma síndrome heterogênica, de etiologia multifatorial, dependente de fatores genéticos familiares, adversidades biológicas e psicossociais, caracterizada pela presença de um desempenho inapropriado nos mecanismos que regulam a atenção, a reflexibilidade e a atividade motora. Seu início é precoce, sua evolução tende a ser crônica. Capellini (2005), em uma visão mais clínica, afirma que fatores genéticos, neurológicos e ambientais combinados podem desencadear o distúrbio de aprendizagem, sendo que fatores pedagógicos e psicopedagógicos podem apenas agravá-los.

É o transtorno neuropsiquiátrico mais diagnosticado na infância, persistindo até a idade adulta em torno de 60 a 70% dos casos. Acomete aproximadamente de 3 a 5% das crianças, sendo mais usualmente encontrado em meninos do que em meninas. Um ponto importante foi que as pesquisas apontam taxas de 5 a 8% no Brasil, ou seja, de cada 20 crianças, uma apresenta TDAH (Marcilio, 2004). O que nos intriga nesses números é a grande porcentagem de crianças com esse distúrbio.

O TDAH não tem uma causa única comprovada, sabe-se apenas que seus portadores produzem menos dopamina, um neurotransmissor responsável pelo controle motor e pelo poder de concentração, que atua com maior intensidade na região orbital frontal do cérebro (Cirio, 2008).

Crianças com TDAH têm capacidade de ficar atentas diante de uma televisão, jogando videogame ou navegando na internet, isso se dá pelo estímulo dessas atividades e por serem individualizadas. Rohde e Benczik (1999) afirmam que, "em atividades em que a motivação é muito grande e os estímulos são mais individualizados, estas crianças podem parar quietas e concentrar-se". Por isso, é necessário intervenções no ambiente da sala de aula e intervenções pedagógicas, para estimular a atenção e ajudar a desenvolver as habilidades deficientes da criança.

Este livro vem estudar a necessidade de acompanhamento e de inclusão desse transtorno no escopo das doenças tratadas e acompanhada nas escolas públicas da Prefeitura Municipal de Educação de Vila Velha, favorecendo os alunos na sua formação acadêmica de modo integral.

A partir dessa descrição inicial, convém esclarecer que ao professor cabe refletir sobre o conteúdo de seu ensinamento, sobre o contexto no qual se baseia aquilo que ensina, sobre sua competência, métodos, fins e finalidades de tudo o que ensina, precisa estar bem, consciente e apaixonado pelo que quer de resultado e ensinamento, e, em contrapartida, cabe ao aluno aprender a refletir sobre seu aprendizado, sobre a relevância disso na sua vida, na sua formação, no seu crescimento, sobre quanto isso acrescenta à sua formação enquanto aluno e pessoa no mundo social. Isso vai transformar o aluno em um indivíduo capaz de pensar, discutir, criticar e contribuir para a transformação e o aprimoramento da educação e, quem sabe, um dia igualar-se ao mestre.

O fato de a classe profissional dos professores sofrer, historicamente, com o desprestígio social da profissão, a descaracterização da identidade coletiva, as dificuldades inerentes ao processo de ensino muitas vezes serve de desestímulo, e é exatamente nesses momentos que há necessidade de se sobrepujar os reveses e refletir sobre a prática docente, sobre construir e reconstruir sua identidade profissional, descobrir os contornos do caminho, criar novos caminhos, analisar ensaios e erros, incertezas e decepções, enfim, renovar-se, entusiasmar-se, ousar. *A priori*, que o professor seja capaz de se apaixonar por seus fazeres e intenções a cada dia.

Perceberemos que é possível, e até mesmo desejável, porém difícil, que tenhamos professores reflexivos; e essa dificuldade reside na acomodação de muitas pessoas, incapazes de saírem do conforto proporcionado pelas coisas sempre iguais. Essa postura não cria condições para que ocorram mudanças urgentes em benefício da Educação, e ainda contribui para que não haja vontade de mudar, porque isso exige adaptar-se ao novo, adotar novas posturas que levarão à construção da autonomia, tanto do professor quanto do aluno. Muitos professores utilizam-se da desculpa de que as mudanças são tolhidas pela burocracia, mais uma prova da incompetência daqueles que estão satisfeitos com as coisas da maneira como acontecem e não se sentem dispostos a contribuir para melhorá-las, pois isso exige comprometimento, envolvimento, inovação, ou, em resumo, trabalho.

Ninguém é obrigado a se fazer reflexivo e muito menos a transformar-se. Mas agir com profissionalismo e dedicar-se com afinco à formação de indivíduos capazes é o mínimo que se pode exigir de um profissional da área da Educação. Se cada um se sentir movido pelo desejo de melhorar e contribuir para transformar as coisas que aí estão, estará servindo de estímulo para outros e necessitará munir-se de muito entusiasmo, pois é um processo lento e constante que irá se estender por toda a sua vida profissional, já que "a formação é um fazer permanente" (Freire, 1972 apud Alarcão, 1996).

Reflexão e educação são termos que suscitam o sentido de transformação, pois são características de indivíduos capazes de pensar. Pensar é existir, é ser gente, é viver num mundo real, é ter uma relação com esse mundo e interagir com ele. "Essa relação homem-realidade, homem-mundo, [...] implica a transformação do mundo..." (Freire, 1979, p. 17).

O professor reflexivo, como sujeito desse processo, precisa estar integrado com essa relação "homem-realidade, homem-mundo", pois a ele cabe trabalhar os indivíduos inseridos nessa relação, da qual ele também participa. Se não existe, por parte do professor, a constante preocupação com seu aprestamento, como poderá exercer plenamente sua função? Seria falta de compromisso com ele, com o outro e com o aluno também.

Não é possível um compromisso verdadeiro com a realidade, se desta realidade e destes homens se obtém uma consciência ingênua. Não é possível um compromisso autêntico se aquele que se julga comprometido enxerga a realidade como algo dado, estático e imutável. Se este olha e percebe a realidade enclausurada em departamentos estanques; se não a vê e não a capta como uma totalidade, cujas partes se encontram em permanente interação. Daí sua ação não poder incidir sobre as partes isoladas, pensando que assim transforma a realidade, mas sobre a totalidade. É transformando a totalidade que se transformam as partes e não o contrário. No primeiro caso, sua ação estaria baseada numa visão ingênua, meramente "focalista" da realidade, não poderia constituir um compromisso (Freire, 1979).

Diante desses argumentos, resta-nos primar por proporcionar aos nossos professores a oportunidade de prepararem-se, desde a sua formação acadêmica, para introjetar a reflexividade em prol do indivíduo e da sociedade.

Existe somente uma idade para a gente ser feliz, somente uma época na vida de cada pessoa em que é possível sonhar e fazer planos e ter energia bastante para realizá-los, a despeito de todas as dificuldades e obstáculos. Uma só idade para nos encontrarmos com a vida, vivermos apaixonadamente e desfrutarmos tudo com toda a intensidade, sem medo nem culpa de sentirmos prazer. Fase dourada em que podemos criar e recriar a vida à nossa própria imagem e semelhança e vestir-nos com todas as cores, experimentar todos os sabores e entregar-nos a todos os amores sem preconceito, nem pudor. Tempo de entusiasmo e coragem em que todo desafio é mais um convite à luta que a gente enfrenta com toda disposição de tentar algo novo, de novo e de novo, e quantas vezes for preciso. "Essa idade tão fugaz na vida da gente chama-se presente e tem a duração do instante que passa" (Mário Quintana, 1984).

Ensinar: um sonho. Um sonho que se sonha todos os dias e com o coração. Um sonho que não é só nosso e que não dura apenas um instante, mas que é construído no dia a dia e proporciona o prazer de ser feliz, sempre. Um sonho que não se sonha sozinho, pois ensinar é aprender. Paulo Freire nos fala do sonho, o sonho possível, a Educação.

E há uma ponderação que fazemos já a partir de alguns anos, e que se faz em torno do que eu chamo "um lugar na educação" ou "na prática educativa para as possibilidades". Ai de nós, educadores, se deixarmos de sonhar e pensar nas possibilidades. E o que queremos dizer com sonhar e pensar nas possibilidades? Em primeiro lugar, quando digo possibilidades é porque há na verdade caminhos para se usufruir de tais possibilidades, toda escola é possível, e o critério da possibilidade ou impossibilidade dos sonhos é um critério histórico-social e não individual. Só é necessário ser capaz e ter acesso às possibilidades, e isso nem sempre acontece. As possibilidades existem e o ser capaz deve ser explorado, procurado, porque também existe.

A possibilidade viável exige pensar/refletir diariamente sobre a prática; exige a descoberta constante dos limites da nossa própria prática, que significa perceber e demarcar a existência do que denomino de "espaços livres a serem preenchidos".

Ao professor, cabe despertar no aluno a vontade de buscar seu próprio crescimento e a necessidade de superar barreiras para lançar-se ao encontro de suas aspirações; descobrir que as possibilidades na educação são construídas por nós mesmos e que sonhar está relacionado com pensar, refletir, ousar; e só ousa quem tem coragem de perseguir objetivos. Ao professor, cabe estimular em si o desejo de ousar e de ser um pouco mais reflexivo sobre suas propostas e pensamentos holísticos quanto ao aprender e sua viabilidade.

Gadotti (2003, p. 19) é enfático quando afirma que "a formação do profissional da educação está diretamente relacionada com o enfoque, a perspectiva, a concepção mesma que se tem da sua formação e de suas funções atuais". Para nós, a formação continuada do professor deve ser concebida como reflexão, pesquisa, ação, descoberta, organização, fundamentação, revisão e construção teórica, e não como mera aprendizagem de novas técnicas, atualização em novas receitas pedagógicas ou aprendizagem das últimas inovações tecnológicas.

Imbernón (2000 apud Gadotti, 2003, p. 19), sobre a reflexão crítica do professor: "[...] atravessa as paredes da instituição para analisar todo o tipo de interesses subjacentes à educação, à realidade social, com o objetivo concreto de obter a emancipação das pessoas". E Paulo Freire (1997 apud Gadotti, 2003, p. 19) salienta que, "na formação permanente dos professores, o momento fundamental é o da reflexão crítica sobre a prática".

Sobre essas concepções, fundamenta-se a essência do ensinar, porque somente pode ensinar quem sabe, quem se preocupa em aprimorar o próprio conhecimento, em aperfeiçoar-se e adaptar-se às novas situações para poder ajudar na construção do conhecimento dos outros. Neste sentido está o sonho de ensinar: abrir horizontes, extrapolar os limites da sala de aula, criar, superar e recriar expectativas. Para isso, há que se amar a profissão; somente dessa forma haverá consciência da necessidade de se preparar indivíduos para enfrentarem as agruras de um mundo em ebulição. A formação docente, hoje, é um desafio cotidiano e diante dele há necessidade de se tomar atitudes, e muitas devem partir do profissional que precisa estar permanentemente voltado para os enfoques de sua formação e de sua aprendizagem.

A formação de professores esbarra em uma série de obstáculos que, mesmo se não consideradas as causas de ordem econômica e social, contribuem sobremaneira para degradar a condição e a atuação do professorado. São problemas diretamente ligados à sua preparação, tanto no plano científico quanto no pedagógico, que levam o modelo vigente de formação a não atingir plenamente seus objetivos.

> Dentre esses problemas, citam-se os conteúdos que o professor deveria dominar para desempenhar seu papel, condição essencial para sua qualificação profissional, pois nos cursos de licenciaturas os elementos teóricos e técnicos que lhe são repassados não são enriquecidos com a prática necessária através da realização de estágios que lhe proporcionariam a possibilidade de aprender fazendo, [...], o que o acaba levando a uma prática docente puramente técnica, mecânica, quando não tecnicista (Severino, 2003, p. 76).

Mesmo assim, o estudante, quando chega ao mercado de trabalho, depara-se com ambientes difíceis, desmotivadores e com pouca visão de trabalho efetivo na escolarização dos alunos. Muitos dos professores hoje trabalhando na rede na Prefeitura Municipal de Vila Velha (PMVV) estão desmotivados e alguns até tentam pouco esforço para não ter necessariamente o que fazer além das aulas preparadas para as quatro paredes da sua pequena sala. Cabe ao professor ter consciência da necessidade de seu constante aprimoramento, entender e buscar realizar o sonho de estar sempre atualizado e pronto a proporcionar a seus educandos a possibilidade de uma vida mais digna, como jovens críticos e responsáveis, capazes de reger a própria vida. E, se alguém achar que se trata de utopia, de loucura, que lhe seja possível voltar às "possibilidades" e, com toda a sabedoria que lhe foi proporcionada pela experiência de refletir sobre sua própria formação, lembrar-se de seu compromisso anônimo de educador.

Em contrapartida, temos profissionais ricos em criatividade e motivação para crescerem e serem melhores a cada dia. Profissionais que impulsionam as pessoas a participarem com elas das possibilidades, são felizes por serem melhores a cada dia e conseguirem se construir fazendo o inesperado e o que é possível, para agregar valor e motivação. São esses profissionais que devem permanecer em nosso meio, favorecendo-nos crescer e sermos cada dia inovadores e impulsivos a conquistar. A educação precisa desse toque alto astral e inovador, com possibilidades diárias de envolvimento e crescimento pessoal. Novamente Paulo Freire sintetiza a importância de sonhar. Um sonho específico para o educador, para a educadora:

> Eu agora diria a nós, educadores e educadoras: ai daqueles e daquelas, entre nós, que pararem com a sua capacidade de sonhar, de inventar a sua coragem de denunciar e anunciar. Ai daqueles e daquelas que, em lugar de visitar de vez em quando o amanhã, o futuro, pelo profundo engajamento com o hoje, com o aqui e com o agora, ai daqueles que em lugar desta viagem constante ao amanhã, se atrelem a um passado de exploração e de rotina (Freire apud Brandão, 1984, p. 101).

Lamentavelmente, para o caso dos professores, a recompensa monetária pelo seu trabalho os obriga a buscar outras atividades para suplementar a renda ou os tem levado a abandonar a profissão. O Município tem procurado melhorar a qualidade do ensino por meio de programas de formação e aperfeiçoamento de professores, no entanto, trata-se de uma proposta ilusória, criada para baratear a formação em licenciaturas rápidas ou curtas, que servem de maquiagem para habilitar, no papel, professores que ainda não cumpriram as regras da Lei de Diretrizes e Bases da Educação Nacional (LDBEN) no tocante à formação. A educação superior deveria ser requisito para formar professores.

Os próprios professores são conscientes dessa situação e preocupam-se com ela. Gadotti (2003) realizou, no ano de 2001, entre os alunos da Licenciatura da Faculdade de Educação da USP, uma enquete pela qual procurou identificar, na visão daqueles que se preparavam para a profissão, quais deveriam ser os saberes necessários à profissão docente.

O termo "saberes" era utilizado por Paulo Freire em substituição a competências, que ele julgava associadas "à tradição utilitarista, tecnocrática, ao mundo da empresa, à economia, à competitividade (ao mundo do trabalho neoliberal), à eficiência, à racionalização, à avaliação..." (Gadotti, 2003, p. 25).

O resultado apresentado pela enquete revelou que, na concepção dos alunos, o professor deveria: ter uma concepção de educação; ter uma formação política ética, isto é, ter compromisso; respeitar as diferenças; ter uma formação continuada; ser tolerante diante de atitudes, posturas e conhecimentos diferentes; preparar-se para o erro e a incerteza; ter autonomia didático-pedagógica; ter domínio do saber específico que leciona; ser reflexivo e crítico; saber relacionar-se com os alunos; ter uma formação geral, polivalente e transversal (Gadotti, 2003, p. 24).

Essas considerações nos levam a concluir que isso significa fazer da profissão um projeto de vida. Assim, o ser professor está muito adiante daquilo que se vislumbra ao início de um curso de magistério, de licenciatura ou de pedagogia, pois a educação faz parte da sobrevivência no mundo de hoje, e cabe ao professor contribuir para que o sujeito não precise reinventar as coisas, mas tão somente apropriar-se daquilo que a humanidade produziu ao longo de milênios e que se encontra à disposição para ser colhido. Ao professor, cabe despertar no aluno essa consciência, pois nem sempre lhe é possível vislumbrar essa relação entre o aprendizado e o legado.

O homem é um ser inacabado, pois, se não for alimentado, conduzido, atendido e ensinado desde o nascimento, sucumbe. Muitos outros animais nascem completos, não precisam da mãe para lhes ensinar, pois já nascem sabendo. Maior exemplo disso é a tartaruga, que imediatamente após seu nascimento já sabe que deve rumar para a água e lá sobrevive sem nunca saber o que é a presença da mãe.

O homem, decorridos os anos necessários aos primeiros aprendizados com a mãe, na família, necessita adentrar a escola para o início da vida em sociedade, o relacionamento com estranhos, as noções que lhe nortearão a existência e, para isso, desde o início, estará entregue nas mãos do professor, até que atinja o mais alto grau de aprendizado que lhe seja possível. É essa a nobre missão do professor, e para desempenhá-la a contento deverá estar conscientizado desse seu papel, papel de educador e de historiador, pois só dessa forma poderá proporcionar um ensino de qualidade. Como educador, está afeta a ele a missão de trabalhar na formação moral e intelectual do indivíduo e também na sua socialização; como historiador, desvendar e elucidar os fatos que constituíram a sociedade como ela é.

Cabe ao professor desenvolver as habilidades necessárias para desempenhar sua atribuição, e isso só será possível se houver consciência e preocupação de melhorar sempre e, para que possa fazê-lo, deverá estar permanentemente refletindo sobre sua missão, sua formação, seu aperfeiçoamento, seu compromisso com a constituição de sujeitos críticos.

2.3. A FORMAÇÃO DE PROFESSORES E A CONTEMPORANEIDADE

Em pleno século XXI nossos alunos necessitam receber informações que contribuam para sua inserção no mundo globalizado, para que possam estar preparados a enfrentar as incertezas geradas pelas mudanças que ocorrem de forma acelerada e que proporcionam uma série de outras mudanças pela ligação que hoje encontramos nas coisas que acontecem em todos os cantos do planeta. O conhecimento é uma aventura incerta que comporta em si mesma, permanentemente, o risco de ilusão e de erro.

Entretanto, é nas certezas doutrinárias, dogmáticas e intolerantes que se encontram as piores ilusões; ao contrário, a consciência do caráter incerto do ato cognitivo constitui a oportunidade de chegar ao conhecimento pertinente, o que pede exames, verificações e convergência dos indícios; a vida compreende espaços sem definição, espaços com falsas definições e, sobretudo, a ausência de um quadro geral fechado; é somente aí que se pode isolar um quadro e tratar os elementos classificáveis, que se pode alcançar certezas. Precisamos das incertezas para nos apoiar e chegarmos às conclusões específicas das certezas do que nos acontece ou nos conferem.

Considerações como essa nos conduzem a reafirmar a necessidade de nossos professores estarem atentos à própria formação, processo contínuo e ininterrupto que vai gerando a conscientização e despertando a responsabilidade de formar indivíduos capazes e aptos, que não se sintam alienados diante das incertezas e sejam conscientes da importância de seu papel na realidade da família, da escola, da sociedade e do mundo.

Nossos professores devem perseguir incansavelmente alcançar estágios que lhes proporcionem buscar outras metas e definir novos objetivos em benefício da formação de seus alunos. Devem ser pesquisadores incansáveis dos comportamentos humanos e das maneiras expressivas de como o indivíduo aprende e se contempla diante desta certeza de um movimento em seu favor. O professor enxerga primeiro. Chega à frente e é capaz de mostrar onde tudo teve início para a prática da ordenação e segmentação do que se apreendeu diante de tudo e do tempo de aprendizagem configurada e observada por ele.

Que causa poderia impedir o educador de proporcionar idênticas condições ao indivíduo que está formando?

Existe uma grande diferença entre ser professor e ser educador. Numa analogia bastante didática, o professor reflexivo é o verdadeiro educador, que busca transferir ao seu aluno muito mais que uma simples disciplina, algo que muitos podem fazer, pois inexiste a identidade de quem a ministra.

Professores há aos milhares. Mas professor é profissão, não é algo que se define por dentro, por amor. Educador, ao contrário, não é profissão: é vocação. E toda vocação nasce de um grande amor, de uma grande esperança.

E o educador?

Pode ser que educadores sejam confundidos com professores, da mesma forma como se pode dizer: jequitibá e eucaliptos não são árvore, madeira? No final, não dá tudo no mesmo?

Não, não dá tudo no mesmo, porque cada árvore é a revelação de um *habitat*, cada uma delas tem cidadania num mundo específico. A primeira, no mundo do mistério, a segunda no mundo da organização, das instituições, das finanças. Há árvores que têm uma personalidade – e os antigos acreditavam mesmo que possuíam uma alma. É aquela árvore, diferente de todas, que sentiu coisas que ninguém mais sentiu. Há outras que são absolutamente idênticas umas às outras, que podem ser substituídas com rapidez e sem problemas.

Eu diria que os educadores são como as velhas árvores. Possuem uma face, um nome, uma "estória" a ser contada. Habitam um mundo em que o que vale é a relação que os liga aos alunos, sendo que cada aluno é uma "entidade" *sui generis*, portador de um nome, também de uma "estória", sofrendo tristezas e alimentando esperanças. E a educação é algo pra acontecer neste espaço invisível e denso, que se estabelece a dois. Espaço artesanal.

Mas professores são habitantes de um mundo diferente, onde o "educador" pouco importa, pois o que interessa é um "crédito" cultural que o aluno adquire numa disciplina identificada por uma sigla, sendo que, para fins institucionais, nenhuma diferença faz aquele que a ministra. Por isso mesmo professores são entidades "descartáveis", da mesma forma como há canetas descartáveis, coadores de café descartáveis, copinhos plásticos de café, descartáveis. De educadores para professores realizamos o salto de pessoa para funções (Alves, 1984 apud Brandão, 1984, p. 16-18).

A atuação do professor reflexivo é que vai determinar a autonomia do aluno, na proporção direta da sua própria autonomia, pois, como agente de formação comprometido, deve buscar escrever sua história para integrá-la com a história daqueles que está formando.

A junção entre a história do outro e a sua compõe um lugar ideal para crescer, e crescer junto com a perspectiva do outro, favorecendo-se e favorecendo ao outro. Proporcionando ao outro o seu fortalecimento, suas certezas e suas capacidades. Esta atuação embala motivos e faz preponderar os fatores de riscos com a frequência de crescimento e de imponência que se trata a questão do aprender e do *insight*. Crescer com o outro significa acrescentar ao outro partes de si, numa dinâmica de poder, força, criticidade e caminhada para as possibilidades de crescimento constantes.

Somos o que pensamos que seremos e conquistamos o que queremos conquistar a partir dos nossos desejos, sonhos e possibilidades. Estas construídas mediante nossos objetivos, estilos e empenhos. Construímos diante do que possuímos e a partir das nossas convicções e vidas. Nossas vontades de crescimento e de apoio ao que se aprende com isso fortalecem nossa certeza e crença de outro futuro e de aparatos específicos para continuarmos assim.

A educação deixa marcas profundas e costuma resolver problemas e dignificar ideias. Nesta época de modernidade e simpatia, as escritas são desnecessárias e se constroem a partir de outras necessidades. A necessidade de sermos contemporâneos e específicos diante de tudo que vivemos. Temos acesso fácil e diariamente ao *download*, *on-line*, *print*, *blended learning* e outras conveniências que nos mantêm antenados e preparados para um mundo novo e diversificado.

O professor em nada pode se igualar a uma missão tão importante para a sociedade, pois o conhecimento é o alicerce para se chegar ao desenvolvimento de uma nação. Segundo Arthur Lewis, "Educação nunca foi despesa. Sempre foi investimento com retorno garantido".

Em épocas passadas, a figura emblemática do professor traduzia-se em reverência, visto o valor que a sociedade lhe impunha. O respeito acima de tudo ao mestre que transmitia saberes, conhecimentos e uma formação de homem na sua melhor acepção. Havia um distanciamento entre o mestre e o discípulo, dada a deferência especial que ao primeiro era dispensada.

Hoje, o professor não é visto como depositário do saber. E já não se percebe a grandeza do seu labor. Nietzsche dizia que "a primeira tarefa da educação é ensinar a ver." Toda a experiência de aprendizagem inicia-se a partir da observação do que está ao nosso redor. O que nos causa espanto, curiosidade e nos provoca a pensar, a ter "fome do saber". Quem ensina também aprende, e é nessa troca de saberes e competências que se constrói o edifício educativo.

O professor vive em constante mudança e neste caminho sempre tem que se qualificar para apreciar a sua própria alteração para a contemporaneidade, pois os dias atuais exigem que ele esteja em permanente reciclagem dos conhecimentos.

A cada instante, em algum lugar do planeta, teorias, métodos de ensino, estratégias são reformuladas ou modificadas, levantando-se novas hipóteses para a educação. Pesquisadores a cada instante descobrem caminhos e incertezas, e em busca de respostas procuram inovar e estudar as possibilidades. Neste sentido, o professor deve se manter "antenado" e realizando as possibilidades acadêmicas que possam ultrapassar esses vieses.

Além disso, a internet, os livros, os jornais, a mídia eletrônica estão aí a toda hora, transmitindo informações e modificando cenários até então conhecidos. Não se nega a importância que tem o professor na contemporaneidade. Ele será sempre insubstituível, uma vez que para ensinar e aprender há que se estabelecer laços de afeto, no sentido de uma aproximação segura e de confiança entre o aprendiz e o mestre. Paulo Freire afirmava que "Não é no silêncio que os homens se fazem, mas na palavra, no trabalho, na ação-reflexão".

Esta é uma profissão que gratifica qualquer ser humano vocacionado para desempenhar com afetividade e efetividade o seu trabalho. Muitas vezes, temos que aprender a Ser para sermos diferente do que Somos. Infelizmente, não se tem o retorno desejado em termos salariais e de valorização que deveria ser contemplado. A proposta de fazer o outro se enxergar é a melhor missão de todos os tempos e assume o potencial de melhor momento de nossas vidas de professores.

A escola mostra-se, muitas vezes, o lugar ideal, portanto, faz-nos caminhar muito mais diante das possibilidades do que das incertezas. Somos frutos das demandas futuristas e conseguimos chegar perto de cada ideal para formular um espaço de acordos e vivências. A escola é viva e essa vida nos comove com os resultados e verdades com as quais muitas vezes nos afastamos do nosso eu apara chegarmos ao eu do outro mesmo, de modo contemporâneo e com hiatos de fomentos.

Ser professor é uma profissão de muita responsabilidade, principalmente na sociedade em que estamos inseridos, isto é, uma sociedade em que a maioria é dominada, excluída, de profundas injustiças, com vários problemas, como: família desestruturada, drogas, violências, corrupções, falta de motivação dos alunos, entre tantos outros obstáculos. Às vezes, esses obstáculos são os que menos importam se nos trazem os alunos sobreviventes, acontecendo e determinando o seu fazer e o seu futuro. Muitos deles não se conhecem em campo de ser e de querer ser, mas já sabem que podem e caminham neste sentido.

Vivemos em uma sociedade complexa, difícil, que passa por inúmeras transformações, e todas essas mudanças refletem na escola. É o lugar das respostas e das alterações de dentro para fora. Hoje mais do que nunca a escola possui uma grande responsabilidade perante seus educandos.

O professor não tem mais a função de transferir conteúdo, mas de ajudar o educando a transformar essa informação em conhecimento, ou seja, fazer com que os esclarecimentos repassados ao aluno se transformem em conhecimento, e que o aluno consiga empregar esse conhecimento teórico na sua vida, usá-lo na prática, no seu dia a dia, transformando-se em cidadão do mundo para a sua sobrevivência formal e para sempre. Além disso, o educador também passa valores, desejos, educação e proposta de uma vida íntegra e contínua para um processo inovador de educação. A pessoa, aluno ou comunidade, caminham juntos para partilharem a ideia do novo e do ideal para esse novo. A escola não escolhe os seus indivíduos, partilha com eles, partilha com todos.

A formação do professor deve tomar um rumo de modernidade, de significância e de mundo visual, competitivo e acadêmico voltado para a pesquisa sobre as pessoas. Este é um ponto importante, saber lidar com as pessoas e com suas determinações e mundo moderno. Sua visão de mundo deve ser ideal para partilhar a diversidade e a consequência de ser parte deste processo acadêmico e expressivo funcional. Este movimento deve dialogar com pessoas, famílias e com os locais que regem a educação com a sua formalização. O professor deverá completar a si próprio para chegar aonde pretende e atingir sonhos, idealizações e visões específicas do crescimento.

Isso faz com que o educador tenha a cautela de conhecer o funcionamento da mente dos alunos, pois cada aluno não é apenas um número na sala de aula, mas um ser humano complexo, com necessidades peculiares, restritas e diversificadas.

Entender esse processo é fundamental para a educação, não podemos generalizar a relação com os alunos, cada um é um ser único, com seus desejos, valores, crenças, costumes etc. Dessa forma, os educadores devem se conscientizar que devem levar tudo isso em conta no processo de ensino-aprendizagem.

O professor só conseguirá desenvolver o seu papel quando despertar a consciência crítica de seu aluno e o trouxer para a realidade, de forma que ele consiga enxergar o mundo com seus próprios pensamentos e não mais pelo olhar do outro. Essa é uma tarefa árdua, pois estamos presenciando uma realidade na qual a tecnologia, o capitalismo, determina o que devemos pensar e como agir.

Assim, o professor tem um papel muito significativo no desenvolvimento da personalidade do indivíduo, porque, no momento em que há essa preocupação de formar seres humanos, quais pessoas queremos para nossa sociedade, estamos promovendo a libertação, evitando o caos e trazendo à tona alguns recursos acadêmicos de renovação e multifunção para o ato de educar.

2.4. INTRODUÇÃO À FORMAÇÃO DOCENTE

O processo de formação de professores refere-se à concepção de que a docência não ocorre em uma realidade dita abstrata de relações isoladas entre ensino e aprendizagem, mas sim em uma realidade social e institucional bastante complexa. As instituições escolares, mesmo que possuam um intenso e permanente relacionamento com diversas outras instituições, possuem um retrospecto histórico, valores, princípios, conhecimentos e práticas que lhes são característicos e que, assim, possuem uma função social bem peculiar. Desse modo, é importante afirmar que os princípios que direcionam a formação docente sigam para a análise histórica dessas instituições, pois as instituições escolares representam as entidades em que os futuros professores desempenharão as suas atividades de ensino (Pimenta & Almeida, 2009).

O processo de formação de professores atravessa estágios a partir do curso regular de formação, na denominada formação inicial, e abrange um grupo de saberes pedagógicos, científicos e específicos reconhecidos como essenciais para o desempenho profissional. A formação contínua consiste em um permanente estudo com relação às transformações que ocorrem na tecnologia, na profissão e na sociedade, para compreender o que ocorre em sala de aula e como essas transformações influenciam durante a atuação do professor neste espaço (Costa & Palma, 2005).

> O exercício da docência requer do professor um conjunto de conhecimentos, habilidades, atitudes e valores cuja finalidade deve-se a natureza de desenvolver no educando um processo de humanização que o capacite para o pleno exercício de sua cidadania. Para tanto, torna-se necessário que esse profissional se aproprie dos conhecimentos da teoria da educação e da didática que lhe permita ir construindo e reconstruindo permanentemente seu saber fazer docente, e que lhe permita, também, entender a educação como um processo de transformação social, e a partir dessa compreensão construir a sua própria identidade como professor (Zuany, 2012, p. 42).

O professor está preparado em sua formação para lidar com alunos que sabem ouvir, que concluem tarefas e que falam no momento oportuno. Entretanto, o inesperado acontece e a formação acadêmica não cobre as questões de improvisos e competências extremas. Verdadeiramente, o professor começa a aprender quando realmente está na prática e diante de todos os momentos de pressão e pensamento próprio. Desse modo, começa a entender o processo e a fazer parte dele.

Torres (2007, p. 65-66) informa que determinadas diretrizes podem contribuir para o processo de formação do profissional da educação, não importando sua área de atuação ou opção com relação ao aprofundamento, para que:

> – Esteja capacitado para compreender a nova realidade, apoiando-se nas distintas áreas do conhecimento, para produzir ciência pedagógica, que permita orientar as novas práticas educativas, sempre dinâmicas, que privilegiem os conteúdos necessários, as adequadas formas metodológicas;
> – Os atores, os espaços, as formas de avaliação e de crítica, na perspectiva dos fins da educação, enquanto utopia construtiva pela vontade coletiva;
> – Tenha competência para identificar os processos pedagógicos que ocorrem no nível das relações sociais mais amplas, e não apenas nos espaços escolares institucionalizados;
> – Seja capaz de transformar a teoria pedagógica em prática pedagógica escolar, sabendo selecionar e organizar conteúdos superando a atual organização curricular em disciplina estanques, através da construção coletiva de formas pedagógicas que tomem a transdisciplinaridade como princípio;
> – Tenha competência para dialogar com o Governo em suas diferentes instâncias e com a sociedade civil, no processo de discussão e construção das políticas públicas, seja na sua implementação, seja no seu enfrentamento;
> – Seja capaz de buscar a articulação entre as escolas e o mundo das relações sociais e produtivas através de procedimentos metodológicos apoiados em bases epistemológicas adequadas;
> – Saiba organizar e gerir o espaço escolar de forma democrática, internamente e em suas articulações com a sociedade;
> – Seja o organizador de experiências escolares e não escolares cujo significado seja definido pelos fins da educação enquanto expressão do desejo coletivo da sociedade na superação da exclusão.

Ao se mencionar a formação de professores, é importante ressaltar que se relaciona somente com a aquisição de habilidades e de conhecimentos prontos, preestabelecidos, como "saberes" prontos para serem transferidos para os alunos e diminuindo as funções do professor a um mero retransmissor de conhecimento. Um qualitativo processo de formação de professores deve prepará-lo a refletir e desenvolver sobre um conteúdo já determinado, e a ele cabe toda a autonomia sobre sua ação docente. Desse modo, o professor se faz sobrevivente para inovar e se preparar por dia para o outro dia em sala de aula.

2.4.1. DEFINIÇÃO E CARACTERÍSTICAS DA DOCÊNCIA

Os professores são profissionais importantíssimos na transformação das sociedades, sendo assim, é necessário realizar investimentos em sua formação e desenvolvimento profissional. A própria formação docente deve ser um processo contínuo e que abranja a valorização da identidade. Considerando que o processo de democratização do ensino está relacionado com os professores, sua formação e suas condições de trabalho, a docência deve ser consagrada como um campo de conhecimentos específicos que abrange os conteúdos de inúmeros ramos do conhecimento humano e do ensino, e seus conteúdos didático-pedagógicos, profundamente vinculados ao campo da prática profissional, aos conteúdos associados com os conhecimentos pedagógicos do campo teórico da prática educacional e à explicitação da existência humana individual, com sensibilidade pessoal e social. Dessa forma, será desenvolvida a identidade do professor a ser elaborada no nível teórico do conhecimento, consagrando-o na prática social (Leão, 2009).

> No Brasil, professor é o profissional que ministra aulas ou cursos em todos os níveis educacionais, a saber: educação infantil, educação fundamental, ensino médio e superior, além da educação profissional em nível médio e superior. Os cursos que habilitam os profissionais da educação para atuação no magistério em todos os níveis sofreram diversas alterações ao longo dos anos (Freitas & Peterossi, 2010, p. 4).

Segundo Libâneo (1999), o professor representa um profissional que contribui decisivamente para o desenvolvimento pessoal e intersubjetivo do educando. É um verdadeiro facilitador do acesso do aluno ao conhecimento, um ser de cultura que domina plenamente a sua área de especialidade pedagógica/educacional e seus aportes para compreender o mundo. É considerado um analista crítico da sociedade, nela atuando em sua atividade profissional. É importante que ele tenha sua formação superior, nas universidades, como *o lócus* destinado à produção social do conhecimento, da disseminação cultural nas inúmeras áreas do saber e do estímulo à crítica histórico-social.

> [...] o educador já não é o que apenas educa, mas o que enquanto educa, é educado, em diálogo com o educando que, ao ser educado, também educa. Ambos, assim, se tornam sujeitos do processo em que crescem juntos e em que os "argumentos de autoridade" já não valem. Em que, para ser funcionalmente, autoridade, se necessita de estar sendo com as liberdades e não contra ela.
>
> Já agora ninguém educa ninguém, como tampouco ninguém se educa a si mesmo: os homens se educam em comunhão, mediatizados pelo mundo (Freire, 1985, p. 39).

O cotidiano em sala de aula exige do profissional docente diversas habilidades e competências para a utilização dos saberes que são tão necessários para um adequado encaminhamento do processo de ensino-aprendizagem. Mas, para a mobilização desses saberes, o docente precisa se reavaliar permanentemente, repensar a sua prática pedagógica, pois em sua rotina profissional ele constrói e reconstrói seus conhecimentos, por meio de inúmeras atividades realizadas com seus alunos no espaço da sala de aula (Zuany, 2012).

No país, professor representa o profissional que leciona aulas ou cursos para todos os níveis educacionais, que são: Educação Infantil, Educação Fundamental, Ensino Médio e Superior, além da educação profissional em nível médio e superior (Freitas & Peterossi, 2010). Gadotti (2003, p. 9) faz um questionamento: "O que é ser professor hoje? Ser professor hoje é viver intensamente o seu tempo, conviver; é ter consciência e sensibilidade." É impossível imaginar um futuro para o ser humano na ausência de educadores, pois eles, mediante visão considerada emancipadora, "lapidam" a informação para conhecimento, como também em consciência crítica, formando o indivíduo. Os educadores possibilitam fazer fluir o saber, uma vez que desenvolvem um sentido para a vida das pessoas e para a humanidade, visando contribuir para uma sociedade mais igualitária e mais produtiva.

A entrada na carreira docente ocorre em uma fase caracterizada por eventos significativos para o professor. O desempenho de toda e qualquer atividade profissional é atravessado por inúmeros acontecimentos que podem ser benéficos ou negativos. E, nesta trajetória, o professor vai desenvolvendo experiências, competências e habilidades que lhe proporcionarão o devido suporte para a prática do trabalho docente, uma vez que ela representa uma tarefa bastante complexa, que vai mais além do domínio de conteúdos específicos, abrangendo também o domínio das teorias didático-pedagógicas, as quais vão se constituindo gradativamente, à medida que o professor experimenta os processos de ensino-aprendizagem, pelo relacionamento com outros docentes e educandos, e, dessa forma, concomitantemente ao que ensina, também aprende (Basílio, 2010).

Tardif (2005 apud Ferreira & Mosquera, 2010, p. 103-104) considera o trabalho dos professores como: "ensinar é trabalhar com seres humanos, sobre seres humanos e para seres humanos". Ao contrário das outras profissões, na docência, o homem torna-se ao mesmo tempo sujeito e objeto, sendo que a atividade dos professores necessita de diversas outras dimensões de interação humana, como aquelas ocorridas no cotidiano escolar, a convivência com os colegas de profissão, mesmo superiores, entre outros.

Para Cunha (2005, p. 95):

> Aprender a ensinar é processo complexo que envolve fatores cognitivos (quase sempre mais enfatizados, quando não tornados exclusivos); afetivos, éticos e metodológicos. Somam-se a estes fatores os desafios de construir conceitos e desconstruir outros, já instalados. Além do conhecimento específico da disciplina, e dependendo dele, há um conhecimento pedagógico do conteúdo, entendido como conhecimento relacionado a teorias de aprendizagem e desenvolvimento humano.

Segundo Soares (2008, p. 10), o ato de ensinar ou a necessidade de ensinar e de aprender representa uma característica única do ser humano:

> Ao aprender o homem cresce e se desenvolve. Mas onde e com quem aprendemos? Em alguns lugares: o útero, a cama, o colo, a casa, o quintal, a sala, a rua, a esquina, a escola, o cinema, o teatro, o museu, a cidade, o mundo. Com algumas pessoas: o pai, a mãe, a irmã, a família, os vizinhos, os amigos, os colegas, os professores, os artistas, os conterrâneos, os cidadãos. Aqui, lá, em todo lugar e com todos os seres humanos aprendemos e ensinamos o tempo todo. É isso que mais caracteriza a espécie humana. Aprendemos com as mãos e com a mente. Aprendemos ao pensar e ao fazer.

Tardif (2002) informa que a atividade profissional do professor ocorre levando em conta duas séries de elementos condicionantes, aqueles associados com a transmissão da matéria, ao ensino e à aprendizagem do conteúdo; e aqueles vinculados à gestão do relacionamento com os educandos, por meio, entre outros elementos, de sua motivação, disciplina e interação com os alunos. É importante que o professor convirja essas duas séries de condicionantes e que elas interajam entre si. Assim, durante a sua formação, sendo ela inicial ou em serviço, o professor tem que construir o saber sobre o objeto de conhecimento ou sobre a sua prática em si, mas inter-relacionar-se. Desta forma:

> O saber é sempre o saber de alguém que trabalha alguma coisa no intuito de realizar um objetivo qualquer. Além disso, o saber não é uma coisa que flutua no espaço: o saber dos professores é o saber deles e está relacionado com a pessoa e identidade deles, com a experiência de vida e com a sua história profissional, com suas relações com os alunos em sala de aula e com os outros atores escolares na escola, etc. (Tardif, 2002, p. 11).

Os inúmeros estudos já realizados caracterizaram a atividade docente como uma profissão de natureza bem complexa, em virtude das condições reais da docência na instituição escolar, e também a inserção social do professor, suas visões referentes a sua atividade e função social, elementos que também afetam o desenvolvimento de sua identidade. Essa complexidade da profissão é ressaltada por diferentes autores.

De acordo com Perrenoud (1993), a docência representa uma atividade que vai além das tarefas relacionadas ao desempenho do professor dentro da sala de aula. Há uma infinidade de elementos existentes no cotidiano dos professores, como, por exemplo, o relacionamento com os alunos, o planejamento das aulas, entre outros. Na prática pedagógica, há sempre variados conflitos que os professores enfrentam, as inúmeras pequenas tarefas que lhes são atribuídas exigem diversas decisões a todo momento.

Segundo Tardif (2002, p. 13), a formação do professor, o desenvolvimento dos conhecimentos docentes e a própria ação de ensinar não ocorrem apenas no indivíduo "professor", mas como um todo, desenvolve-se por meio do relacionamento entre o professor e o aluno, mesmo sendo algo extremamente complexo. Sendo assim, ensinar é saber agir com outros seres humanos que sabem que lhes ensino; é saber que ensino a outros seres humanos que sabem que sou professor.

Neste sentido, a atividade de professor é basicamente uma atividade de relacionamento, na qual sua ação é realizada sobre um outro, sobre o aluno. E, assim, o referido autor diz:

> O docente raramente atua sozinho. Ele se encontra em interação com outras pessoas, a começar com os alunos. A atividade docente não é exercida sobre um objeto, sobre um fenômeno a ser conhecido ou uma obra-prima a ser produzida. Ela é realizada concretamente numa rede de interações com outras pessoas, num contexto onde o elemento humano é determinante e dominante e onde não estão presentes símbolos, valores, sentimentos, atitudes, que são passíveis de interpretação e decisão que possuem, geralmente, um caráter de urgência (Tardif, 2002, p. 49).

A profissão professor possui duas características que a distinguem das outras. A especificidade acadêmica que se refere "aos saberes e ao saber fazer" direciona à transmissão, ao ensino de conhecimentos, técnicas e seu emprego. Mas também há a especificidade pedagógica relacionada com os meios de ensinar, as metodologias e técnicas aplicadas no desempenho da atividade profissional (Silva, 2003).

A atribuição de professor representa o elemento essencial em qualquer projeto educativo. O fundamento didático desses projetos, por meio das relações essenciais, consagra a função do conteúdo adquirido sobre o princípio significativo no processo de aprendizagem. Para tornar-se, converter-se em gestor de uma nova cultura, o conteúdo deve passar por experiências, interesses, justificativas, motivações e emoções entre aqueles que aprendem. É importante que o professor escolha o caminho mais legítimo para isso, estando presente implicitamente nas habilidades pedagógicas de que se necessita para encontrá-las (Calleja, 2008).

Segundo Cunha (2005, p. 91) os professores são os direcionadores das sociedades do conhecimento e para tanto devem desenvolver uma nova espécie de profissionalismo. Entre as inúmeras atividades docentes estão:

- promover a atividade cognitiva profunda;
- aprender a ensinar empregando inovações tecnológicas;
- engajar-se com a aprendizagem profissional contínua;
- trabalhar e aprender em equipes de colegas;
- desenvolver uma capacidade para transformar o risco;
- incentivar a confiança nos processos.

Assim, há a consideração de que a atividade docente irá elaborar e organizar experiências educativas empregando "o princípio da centralidade do estudante", tendo-o como um sujeito ativo no processo de aprendizagem. Assim, o professor age mediando os conteúdos (que devem ser assimilados) e o aluno, adaptando o apoio pedagógico de acordo com o perfil de cada um. Portanto, deve existir, por parte do professor, um profundo entendimento dos processos de ensino e aprendizagem, pensamento, cognição, linguagem, inteligência e, em especial, de atividades e processos mentais de atenção, memória, percepção, representação, decisões, resolução de problemas etc. (Palheta, 2007).

> Nas práticas docentes estão contidos elementos extremamente importantes, tais como a problematização, a intencionalidade para encontrar soluções, a experimentação metodológica, o enfrentamento de situações de ensino complexas, as tentativas mais radicais, mais ricas e mais sugestivas de uma didática inovadora, que ainda não está configurada teoricamente (Pimenta, 1997, p. 8).

Dentro do conceito de processo docente-educativo, há também o conceito de ensino-aprendizagem, embora aceitemos que o primeiro seja mais específico das instituições escolares. Diversas outras instituições sociais não escolares desenvolvem também processos de ensino-aprendizagem com uma característica mais livre que não se baseia em concepções teóricas da didática, e também não construídos por profissionais especializadas, como seriam os professores (Calleja, 2008).

De acordo com Neta (2006, p. 53): "[...] ensinar exige compreender que a educação, é uma forma de intervenção no mundo, realçando o papel do professor como (trans) formador, como agente capaz de, além do conhecimento, formar-se e formar". Segundo Alarcão (1996, p.13 apud Câmara, 2010), o processo de ensino, possuidor de toda uma complexidade, representa um espaço para a troca de vivências e de aprendizagens, de superação de dificuldades. É um instrumento de formação continuada com as relações que se constituem nesse meio, as intricadas relações surgidas no interior do processo maior de desenvolvimento profissional da docência.

As escolhas profissionais devem ser seguidas por uma fase de preparação, isto é, de "aprender o ofício". O que ocorre por meio das formações técnicas ou acadêmicas, que visam dar condições e subsídios ao futuro profissional com conhecimentos teóricos e técnicos para adequadamente prepará-los para as funções que realizarão (Ferreira & Mosquera, 2010).

> O que se designa por formação e, mais especificamente, de professores, compreende um processo sistemático e organizado, envolvendo tanto os sujeitos que estão se preparando para serem docentes quanto aqueles que já estão engajados na docência. A finalidade da mesma orienta-se para a aquisição de competências profissionais, no caso dos que estão se preparando (futuros professores) e aperfeiçoamento ou enriquecimento destas competências nos docentes implicados em tarefas de formação. É importante salientar-se a natureza social da formação. Os professores se constituem como tal em atividades interpessoais, seja em seu período de preparação, seja ao longo da carreira. Os esforços de aquisição, desenvolvimento e aperfeiçoamento de competências profissionais subentendem um grupo interagindo, a formação não é um processo que acaba nos professores. Ela para ser efetiva precisa ir além, em direção a qualidade do ensino que os alunos recebem. Em última análise, são eles os beneficiários das atividades formativas em que os professores estão implicados ao longo do exercício docente (Ferreira & Mosquera, 2010, p. 145).

É muito importante que a formação e a capacitação superem a mera aquisição de técnicas didáticas de transmissão de conteúdos para os professores. Mas, mesmo que estas técnicas didáticas sejam sempre importantes, o principal objetivo vai mais além e deve privilegiar a formação na esfera das políticas públicas de educação nacionais, para superação do atual modelo de desenvolvimento socioeconômico, ou seja, priorizar mais o ser humano ao invés das relações de mercado e econômicas (Moura, 2007).

Ao buscar resolver o problema da fragmentação, improviso e carência de uma adequada formação pedagógica no desempenho profissional docente para a EPT, deve-se reconhecer que a docência vai além de uma simples transmissão de conhecimentos empíricos ou processo de ensino de conteúdos divididos e fracos no nível teórico. Para formar a força de trabalho necessária pela dinâmica tecnológica que se espalha internacionalmente, deve-se ter outro perfil de docente, com capacidade de construir pedagogias do trabalho independente e criativo, bem como estimular gradativa autonomia dos educandos e participar de projetos interdisciplinares (Machado, 2008, p. 15).

De acordo com Grillo e Mattei (2005, p. 99), há questionamentos que comumente surgem entre os docentes de formação inicial ou mesmo com bastante experiência:

- O que o professor precisa saber para ensinar?
- Por que o professor faz o que fez em sala de aula?
- Onde aprendeu o conteúdo que ensina?
- Que modificações esses conteúdos sofreram ou sofrem e por quê?

Mesmo comuns, estes questionamentos despertam preocupação, pois sugerem indefinições em relação à atividade docente. Informam um certo desconhecimento de saberes específicos que representam o núcleo da profissão docente e a fragilidade da identificação profissional. Assim, o professor ensina sem a consciência do que é ser professor e dessa forma comumente com autoritarismo ou como refém do aluno, pela insegurança em decidir que a identidade profissional possibilita (Grillo & Mattei, 2005). Desse modo, por muitas vezes não consegue identificar as necessidades estudantis de todos os alunos. Colocando-se de forma tímida a sua práxis e vivência na prática de educar. Cada aluno é um universo distante e multifacetado, mas a experiência do professor e do seu caminhar muitas vezes o impede de caminhar para assegurar o atendimento pedagógico e prático a todos. As deficiências e as dificuldades então podem aparecer aí, dessa prática, e a partir daí permanecer como prática o convívio sem a recuperação ou sem a análise própria. Assim, devemos atentar para a pesquisa e a análise constante do nosso trabalho e dos trabalhos que desempenhamos a todo tempo, por conta dos acertos e dos pontos importantes que promovem crescimentos positivos e atendimento aos alunos.

O professor sabe lidar com qualquer tipo de aluno? O professor reconheceria com clareza o aluno com transtorno de déficit de atenção como um aluno do escopo da sala de aula nos tempos de hoje? O professor consegue oferecer conteúdo e aprendizagem a todos os alunos?

As questões acima nos deixam de olhos arregalados e nos convidam para uma análise mais intensa sobre o meu aluno e o meu ensinar. Desse modo, quem deverá ser o professor nestas ocasiões e nestes dilemas de todo dia na sala de aula e no contexto da aprendizagem?

Deixamos claro aqui que uma das características da docência é realmente questionar e vivenciar para provar dos acordos e das determinações sem as influências, mas a partir das verdadeiras análises e provocações que causem um agir com cautela, certeza e prontidão. Precisamos nos ater às condições de trabalho nesta visão sistemática de observação, comportamento e ação do professor que atua e muda histórias.

2.4.2. A QUESTÃO DOS SABERES DOCENTES

O docente da Prefeitura Municipal de Vila Velha-ES atravessa inúmeros desafios da atualidade que estão associados com as transformações educacionais que atingem as relações profissionais, as consequências das inovações tecnológicas com relação às atividades de trabalho e culturas profissionais.

São profissionais da educação, grande parte deles efetivos, vinculados mediante concurso público, e uma boa parte é contratada com vínculo de designação temporária (DT), válido por tempo limitado. Estes profissionais possuem curso superior em Pedagogia e geralmente também possuem uma pós-graduação na área de educação. São o público-alvo desta pesquisa e aqui estão localizados no Ensino Fundamental das escolas desta prefeitura.

As questões dos saberes docentes são muitas vezes focais e tantas outras multifuncionais, dando ao aluno, no contexto da escola, uma oportunidade de melhoria da qualidade da educação neste município e para este pensar em educação com saberes construtivos contemporâneos.

O docente do Ensino Fundamental não deve se transformar em um professor transmissor de conteúdos, mas sim ser formado por características em que suas funções de professor se articulem com a conduta de vários saberes: intelectual; problematizador; mediador do processo de ensino-aprendizagem; promotor da liderança intelectual; orientador sobre o compromisso social que a concepção de cidadania plena contém; orientador sobre o compromisso pedagógico presente em seu contexto de conhecimento.

Os saberes docentes devem abranger de modo significativo as atividades pedagógicas associadas com o processo de ensino-aprendizagem, o planejamento, a organização, a administração e a avaliação, facilitando o ensino nos relacionamentos que possui com a educação básica neste município. Nesse sentido, o docente deve possuir a capacidade de possibilitar que seus educandos entendam, reflexiva e criticamente, o universo da aprendizagem e consigam fazer parte dela sem titubear.

Os saberes são peculiares e científicos a ponto de facilitar os ajustes e converter os saberes em outros conhecimentos. Para Araújo (2008), deve existir uma função não necessariamente para formar o docente que se esforce a maior parte de seu tempo de trabalho no desenvolvimento de projetos de pesquisa, mas sim para construir um comportamento de autonomia intelectual com relação aos desafios da sua prática educativa. Devem ser incluídos estes saberes específicos e incorporados aos saberes diversos construídos ao longo da trajetória do aluno dentro deste campo educacional da escola pública.

São os saberes docentes que nos indicam os caminhos e nos levam a várias situações de crescimento acadêmico, mudando a história e fomentando o aprendizado significativo e duradouro do aluno do segmento do Ensino Fundamental de hoje e para o futuro.

2.4.3. TENDÊNCIAS PEDAGÓGICAS NA FORMAÇÃO CONTINUADA DOCENTE

A busca da qualidade de ensino na formação básica voltada para a construção da cidadania, para uma educação sedimentada no aprender a conhecer, aprender a fazer, aprender a conviver e aprender a ser e para as novas necessidades do conhecimento, exige necessariamente, repensar a formação inicial de professores, assim como requer um cuidado especial com a formação continuada desse profissional com um olhar crítico e criativo. Essa preocupação é relevante, tendo em vista o atual contexto de reformas educacionais, que visam a dar respostas à complexa sociedade contemporânea. Este é um tema de particular atualidade em função da recente reforma implementada em todos os níveis da educação brasileira: Educação Infantil, Ensino Fundamental, Ensino Médio e hoje em discussão no Ensino Superior.

Uma reforma que merece um domínio profundo por parte dos atores que de fato conduzem o processo de ensino-aprendizagem. As mudanças implementadas são de cunho filosófico, metodológico e sociológico, o que implica numa postura dialética perante o conhecimento, compreensão de processos cognitivos e metacognitivos, domínio do conceito de competência e sua construção na escola, entre outras exigências. As referidas mudanças educacionais baseiam-se em princípios filosóficos inovadores e têm fundamentos epistemológicos da pedagogia crítica. Porém, ao mesmo tempo, têm como pilar de sustentação um movimento político-social de clara hegemonia do projeto neoliberal (Frigotto, 1996).

Na implantação de qualquer proposta pedagógica que tenha implicações em novas posturas diante do conhecimento, conduzindo a uma renovação das práticas no processo de ensino-aprendizagem, a formação continuada de professores assume um espaço de grande importância (Perrenoud, 2000).

A formação continuada de docentes é um tema complexo que pode ser abordado a partir de diferentes enfoques e dimensões. A história mostra a existência do modelo clássico no planejamento e na implementação de programas de formação, bem como o surgimento de novas tendências de educação continuada praticadas na área profissional da educação, como também em outros contextos profissionalizantes.

Será trazida uma discussão a respeito das características do modelo clássico e das novas tendências na formação continuada de professores, suas contribuições para a profissionalização docente, bem como as implicações na operacionalização das propostas coexistentes e, ainda, apontamento de caminhos para atender às atuais necessidades na formação de professores.

MODELOS DE EDUCAÇÃO CONTINUADA

O modelo clássico de formação continuada para docentes traduz-se no que vem sendo feito historicamente nas iniciativas de renovação pedagógica. A ênfase é dada na atualização da formação recebida ou numa "reciclagem" que significa "refazer o ciclo".

Candau (1999) utiliza o termo reciclagem diferentemente de outros interessados no assunto que discordam da expressão por atribuírem a palavra "reciclar" como um termo próprio do processo industrial e aplicado à reutilização de materiais recicláveis, não condizentes com a atual discussão da formação docente.

Na visão de Prada (1997), os termos empregados para nomear os programas de formação continuada de professores estão impregnados da concepção filosófica que orienta o processo, recebendo também influências da região, país e instituições envolvidas, entre outros fatores. O autor apresenta algumas das diferentes expressões que são mais utilizadas na denominação dos programas desta formação, com o objetivo de ampliar essa compreensão:

Quadro 1 – Termos empregados para formação continuada de docentes

- Reciclagem
  - Termo próprio de processos industriais e, usualmente, referentes à recuperação do lixo.
- Atualização
  - Ação similar à do jornalismo; informar os professores para mantê-los nas atualidades dos acontecimentos, recebe críticas semelhantes à educação bancária.
- Formação Continuada
  - Alcançar níveis mais elevados na educação formal ou aprofundar como continuidade dos conhecimentos que os professores já possuem.
- Formação Permanente
  - Realizada constantemente, visa à formação geral da pessoa sem se preocupar apenas com os níveis da educação formal.
- Especialização
  - É a realização de um curso superior sobre um tema específico.
- Aprofundamento
  - Tornar mais profundos alguns dos conhecimentos que os professores já têm.
- Treinamento
  - Adquirir habilidades por repetição, utilizado para manipulação de máquinas em processos industriais, no caso dos professores, estes interagem com pessoas.
- Re-treinamento
  - Voltar a treinar o que já havia sido treinado.
- Aprimoramento
  - Melhorar a qualidade do conhecimento dos professores.
- Superação
  - Subir a outros patamares ou níveis, por exemplo, de titulação universitária ou pós-graduação.
- Desenvolvimento Profissional
  - Cursos de curta duração que procuram a "eficiência" do professor.
- Profissionalização
  - Tornar profissional. Conseguir, para quem não tem um título ou diploma.
- Compensação
  - Suprir algo que falta. Atividades que pretendem subsidiar conhecimentos que faltaram na formação anterior.

Fonte: Prada, 1997, p. 88-89.

No modelo clássico, caracterizado por vários estudiosos, o professor que já atua profissionalmente com sua formação inicial volta à universidade para renovar seus conhecimentos em programas de atualização, aperfeiçoamento, programas de pós-graduação *lato sensu* e *stricto sensu*, ou ainda, participando de cursos, simpósios, congressos e encontros voltados para seu desenvolvimento profissional. Esses, promovidos pelas Secretarias de Educação a que os docentes estão vinculados ou por outras entidades interessadas na área.

Esse modelo é permeado por uma perspectiva de privilégios aos espaços considerados tradicionalmente como lócus da produção do conhecimento, os quais são: a universidade e os demais espaços vinculados a ela.

Nessa perspectiva, considera-se que a universidade é o local em que circulam as informações mais recentes, as novas tendências e buscas nas mais diferentes áreas do conhecimento. Embora não se questione tanto essa realidade, existe um aspecto crítico nessa visão, qual seja, a desconsideração das escolas de Ensino Fundamental e Médio como produtoras de conhecimento, e passa-se a considerá-las como espaços meramente destinados à prática, local onde se aplicam conhecimentos científicos e se adquire experiência profissional.

As pesquisas na área têm confirmado que é esse modelo clássico que vem sendo praticado nos sistemas educacionais para a formação continuada dos profissionais da educação, tem sido o mais promovido e, portanto, o mais aceito.

Atualmente, na prefeitura municipal de Vila Velha, a SEMED realiza a formação continuada que também se refere aos encontros mensais ou periódicos agendados de que os professores e pedagogos participam, tendo foco nos assuntos pertinentes e de conformidade com o dia a dia e os procedimentos específicos. As formações integram-se aos conhecimentos, às vivências e às normatizações específicas para os procedimentos e posturas necessárias para cada profissional. As formações, chamadas de reuniões e encontros, são para o conhecimento de todos e direcionam o proceder das escolas conforme os assuntos expostos. Neste momento, a formação continuada é, além de informativa, um roteiro de trabalho a ser seguido pela comunidade escolar.

Candau (1999) destaca quatro modalidades em que se apresentam tais iniciativas numa perspectiva tradicional. Sob a forma de convênios entre universidades e secretarias de educação, em que as universidades destinam vagas para formar professores em exercício do Ensino Fundamental e Médio nos cursos de graduação e licenciatura. A oferta de cursos de especialização por meio de convênios entre instituições universitárias e secretarias de educação, visando à melhoria da qualidade de ensino tem sido muito praticada, sendo tais cursos realizados em regime normal presencial ou na modalidade a distância, lançando mão de diferentes estratégias, como por correspondência, via fax, vídeos, computador, teleconferência, ou outras mídias.

Atualmente, no Brasil, existe um grande interesse na realização de cursos a distância, e várias universidades já estão começando a montar cursos de aperfeiçoamento de professores nesta modalidade, não só para a rede pública, como também para a rede privada de ensino. Embora tais experiências não estejam restritas à área de educação, as possibilidades que as novas tecnologias apresentam podem ser muito bem exploradas em prol da formação continuada, rompendo propostas tradicionais, distâncias geográficas e temporais.

Mesmo lançando-se mão dos recursos tecnológicos, tais experiências mantêm, ainda, as características do modelo clássico de formação continuada. Uma terceira modalidade de formação continuada, na perspectiva tradicional, são as ações promovidas por órgãos responsáveis pelas políticas educacionais, como Secretarias de Educação dos estados e municípios e/ou o próprio Ministério de Educação, ofertando cursos de caráter presencial ou a distância.

Outros autores também defendem a forma interativo-reflexiva como uma maneira organizada e produtiva no processo de ensino-aprendizagem, conforme afirmam Gimeno e Sacristán (apud Nóvoa, 1991).

O ensino como atividade racional ou reflexiva, como um fazer em que se mede cada passo dado e cada opção é fruto de um processo de deliberação, é uma prática utópica a que se aspira, necessita ser observada.

Nóvoa (1991) apresenta uma síntese dos modelos já discutidos, resumindo-os a dois grandes grupos, nomeando-os de modelos estruturantes e modelos construtivistas. Os modelos estruturantes são organizados previamente a partir da lógica de racionalidade científica e técnica e ainda aplicados a diversos tipos de professores. O autor inclui neste grupo as formas universitárias e escolares citadas por Demailly (1992).

Os modelos construtivistas partem de uma reflexão contextualizada para a montagem dos dispositivos de formação continuada, visando a uma regulação permanente das práticas e do processo de trabalho. Este é um modelo que pode suscitar verdadeiras mudanças na prática, pois parte das necessidades dos educadores e constitui-se em uma aprendizagem significativa, visto que os estudos teóricos têm ressonância na realidade cotidiana e visam a resolver questões anteriormente identificadas pelos envolvidos. Entretanto, as sistematizações de Demailly e Nóvoa devem servir aos educadores como modelos teóricos de análise e não como modelos práticos de intervenção, pois os próprios teóricos reconhecem que esses modelos não existem de maneira isolada na prática de formação de professores.

Para Nóvoa (1991, p. 34), "as estratégias de formação continuada são necessariamente híbridas, apelando segundo uma coerência própria e contextualizada a diferentes contributos teóricos metodológicos". Nesse sentido, confirma Demailly (1992, p. 12), a inexistência de "formas no estado puro". É de suma importância o conhecimento desses diferentes modelos, a compreensão de que eles se materializam na prática da formação docente de maneira mista e criam novas formas e representações nessa complexa teia de atuações rumo à melhoria da profissionalização docente. Porém, a experiência tem mostrado bons resultados na metodologia ativa, construtivista e que proporcione ação-reflexão-ação.

Nesse contexto, não importa muito a forma em que se dão os programas de educação continuada. O que prevalece é a concepção filosófica entre teoria e prática, a compreensão do papel da teoria nas escolas e na educação básica no processo de produção de conhecimento e qual o sentimento do profissional da educação e o sentido das instituições formadoras, enquanto agentes de socialização de conhecimentos, voltadas para a melhoria do processo de ensino-aprendizagem e da profissionalização docente.

NOVAS TENDÊNCIAS E RECURSOS PARA UM NOVO CAMINHAR

Em contrapartida à concepção clássica, atualmente vêm se desenvolvendo reflexões, anseios e pesquisas científicas, visando à construção de uma nova concepção e práticas condizentes com as relevantes necessidades da formação continuada dos educadores. Esses caminhos estão se delineando como novas tendências para a formação continuada de professores.

Conforme Nóvoa (1992), todo processo de formação deve ter como referencial o saber docente, o reconhecimento e a valorização desse saber. Não é interessante se desenvolver formação continuada sem levar em consideração as etapas de desenvolvimento profissional do docente, ou seja, seus aspectos psicossociais.

Existem grandes diferenças de anseios e necessidades entre o docente em fase inicial, o que já adquiriu uma considerável experiência pedagógica e o que já se encaminha para a aposentadoria. Existe uma vertente poderosa e produtiva dos profissionais nesses patamares. Por essa razão, as novas tendências de formação continuada consideram essas diferenças e apontam sérias críticas a situações padronizadas e homogêneas, as quais são amplamente conhecidas por ignorarem tais diferenças e não considerarem o contexto no qual o docente está inserido.

Alguns pesquisadores sobre a formação continuada de professores revelam que, nessas tendências inovadoras, destacam-se três eixos que norteiam a prática docente e buscam adequá-las aos desafios do momento.

Candau (1999) sintetiza esses eixos como pontos centrais de referências para se repensar a formação de professores adequada aos desafios do atual contexto. São eles: *a)* a escola deve ser vista como *lócus* de formação continuada; *b)* a valorização dos saberes da experiência docente; *c)* a consideração do ciclo de vida dos docentes.

Primeiramente, a partir dos estudos de Nóvoa (1992), a escola é vista como *lócus* de formação continuada do educador. É o lugar onde se evidenciam os saberes e a experiência dos professores. É nesse cotidiano que os profissionais da educação aprendem, constroem, buscam, desaprendem e aprendem estruturas, novos aprendizados, na sua prática. Eis uma relação dialética entre desempenho profissional e aprimoramento da formação acadêmica profissional.

Entretanto, essa perspectiva não é simples nem ocorre espontaneamente. Não basta acreditar que o cotidiano escolar favorece elementos para essa formação e que, a partir do seu trabalho, o professor está se formando continuamente. Nesse sentido, o pesquisador alerta: "A formação continuada deve estar articulada com desempenho profissional dos professores, tomando as escolas como lugares de referência. Trata-se de um objetivo que só adquire credibilidade se os programas de formação se estruturarem em torno de problemas e de projetos de ação e não em torno de conteúdos acadêmicos" (Nóvoa, 1992, p. 30).

A fim de que o cotidiano escolar se torne um espaço significativo de formação profissional, é importante que a prática pedagógica seja reflexiva no sentido de identificar problemas e resolvê-los favorecendo uma prática coletiva, construída por grupos de professores ou por todo o corpo docente da escola. Sendo assim, tem-se uma rica construção de conhecimento em que todos se sentem responsáveis por ela.

Nóvoa (1992) destaca também a necessidade de se criarem novas condições para o desencadeamento desse ousado processo, em que a escola seja explorada em todas suas dimensões formativas. Para a escola se constituir enquanto lócus de formação continuada, faz-se necessária a promoção de experiências internas de formação, de modo que esta iniciativa se articule com o cotidiano escolar e não desloque o professor para outros espaços formadores. Essa compreensão implica a necessidade de as instituições escolares criarem espaços e tempos institucionalizados que favoreçam processos coletivos de reflexão e intervenção na prática pedagógica por meio de reuniões pedagógicas, dentro da carga horária dos profissionais, construção coletiva do projeto político-pedagógico da escola, inclusive programa de formação contínua e avaliação coletiva deste.

Cabe, também, criar uma forma de incentivo à sistematização de práticas pedagógicas a partir da metodologia de pesquisa-ação. Outro aspecto relevante dessa compreensão é a mudança de foco da atuação pedagógica nas instituições escolares. Tal mudança implica uma nova concepção do trabalho do pedagogo nas escolas. Isso somente será possível se estiver muito claro qual é o papel desse profissional no atual contexto escolar, qual seja, favorecer o acesso dos professores aos conhecimentos científicos em jogo nos diferentes temas, ultrapassando o senso comum:

Quadro 2 – Tendências e estudo

a. Teorias que analisam o processo educativo de forma ampla (sociologia, antropologia, história, filosofia);
b. Estudos relacionados ao processo de construção do conhecimento (psicologia do desenvolvimento);
c. "Conhecimentos que tratam diretamente do tema em questão".

Fonte: Kramer, 1989, p. 203.

No atual contexto educacional, estão postos novos desafios para o profissional da pedagogia no cotidiano escolar. Esse novo fazer ultrapassa os aspectos burocráticos de exigências de planos de aula, de objetivos e avaliação, frequência e notas, os quais necessitam de uma sistematização e de um olhar pedagógico, porém tais pontos não podem consumir o fazer do/a pedagogo/a na dinâmica do processo.

Nessa perspectiva dinamizadora das atuais tendências de formação continuada de professores, em que a escola é compreendida como lugar de formação continuada, todos necessitam discutir a prática pedagógica, situada num contexto mais amplo buscando soluções.

Entretanto, para que a escola redirecione sua prática de formação e redimensione o trabalho do pedagogo, é imprescindível que os dirigentes de escolas e os órgãos gestores da educação, secretarias de educação em conjunto, revejam os aspectos de atuação desse profissional no cotidiano escolar, contribuam para modificar a representação negativa que foi construída nesta profissão ao longo da história, desde a própria universidade, e passem a compreender que este profissional não é um mero assistente ou acessório pertencente ao quadro administrativo da escola.

Os saberes da experiência são de extrema importância na profissão docente, originam-se no trabalho cotidiano e no conhecimento do seu meio. São incorporados à vivência individual e coletiva e traduzem-se em habilidades de saber fazer e saber ser. São conhecimentos que surgem da experiência e são por ela validados.

É importante destacar que é por meio desses conhecimentos experienciados que os professores julgam a formação individual, atribuem valores aos planos e reformas implementados e definem determinados modelos de excelência profissional. Podemos compreender da seguinte forma: "eles constituem, hoje, a cultura docente em ação, é muito importante que sejamos capazes de perceber essa cultura docente em ação, que não pode ser reduzida ao saber cognitivo" (Candau, 1999, p. 60).

É de extrema importância ressaltar a práxis reflexiva na cultura da formação, visto que os saberes adquiridos na experiência ficam relevados ao "ostracismo" e não são canalizados e sistematizados para um saber acadêmico.

A própria Universidade não tem essa vivência; em seus cursos de formação inicial ou continuada para docentes, parte do zero e desconsidera um saber construído na experiência que necessita ser confrontado com a produção acadêmica.

Contribuições dessa natureza são importantes para a discussão e prática da formação continuada, visto que é imprescindível à compreensão da heterogeneidade desse processo. É importante tomar consciência de que as necessidades, os problemas, as buscas dos professores não são os mesmos nos variados momentos de sua profissão. Essa compreensão impede a realização de programas de formação que padronizem os profissionais em um mesmo lugar comum ou que desconsidere seus interesses e necessidades.

Nesse sentido, podemos refletir a respeito do ciclo de vida dos educadores articulado às novas tendências de formação centrada numa visão construtivista:

> É urgente devolver a experiência ao lugar que merece na aprendizagem dos conhecimentos necessários à existência (pessoal, social e profissional), na certeza que este processo passa pela constatação que o sujeito constrói o seu saber ativamente ao longo de seu percurso de vida. Ninguém se contenta em receber o saber como se ele fosse trazido do exterior pelos que detêm os seus segredos formais (Dominicè, 1990, p. 66).

Todas essas contribuições teóricas que concebem a escola como lócus de formação continuada valorizam os saberes docentes e reconhecem que os ciclos de vida profissional dos professores se constituem como pilares para a fomentação das novas tendências na formação docente. Estamos a caminhar por novos caminhos rumo à consolidação de um modelo construtivista de formação profissional do educador.

2.5. O TDAH – TRANSTORNO DE DÉFICIT DE ATENÇÃO COM OU SEM HIPERATIVIDADE – CARACTERIZAÇÃO GERAL

De acordo com Goldstein (1998, p. 246):

> Compreender que, para poder controlar em casa o comportamento resultante do TDAH, é preciso ter um conhecimento correto do distúrbio e suas complicações. Ser coerentes, previsíveis em suas ações e mostrar apoio às crianças em suas interações diárias, pois como foi dito, este não é apenas um problema que pode ser curado. O distúrbio afetará a criança durante toda sua vida. Manter-se numa posição de intermediação entre a escola e outros grupos. Dar instruções positivas. Cuidar para que seus pedidos sejam feitos de maneira positiva ao invés de negativa. Recompensar amplamente o comportamento adequado. Crianças com TDAH exigem respostas imediatas, frequentes, previsíveis coerentemente aplicadas ao seu comportamento. Planejar ade-

quadamente. Aprender a reagir aos limites de seu filho de maneira positiva e ativa. As regras devem ser claras e concisas. Atividades ou situações nas quais já ocorreram problemas devem ser evitadas. Punir adequadamente, porém compreendendo que a punição só trará uma modificação de comportamento para a criança com TDAH, se acompanhada de uma estratégia de controle.

O Transtorno do Déficit de Atenção com Hiperatividade (TDAH) caracteriza-se por comportamentos que podem ser de desligamento, desatenção, "avoado" e atitudes impulsivas, hiperativas, agitadas. Seu diagnóstico é difícil porque não existe um teste específico para o TDAH. Esta doença, de causa desconhecida, geralmente se manifesta na infância e, se não for tratada e percebida, pode trazer problemas de aprendizado, comportamento, relacionamento e sentimentos para a criança.

Existe um contingente de crianças e jovens que, mesmo com condições educacionais ideais, ainda assim, teriam dificuldades para acompanhar o processo de aprendizagem. Os sinais destes transtornos são identificados na escola, mas não são restritos ao ambiente escolar. Essas crianças têm dificuldades nas funções cognitivas de atenção e memória, em alguns aspectos do desenvolvimento da linguagem, social e até emocional, e é na escola que estas dificuldades se tornam um problema maior e prejudicial. Principalmente no Ensino Fundamental, pois o aluno passa a ser um aluno diferente e que destoa do grupo.

Os transtornos podem se acompanhar de outras anomalias. As crianças são frequentemente imprudentes e impulsivas, sujeitas a acidentes e incorrem em problemas disciplinares mais por infrações não premeditadas de regras do que por desafio deliberado. Suas relações com os adultos são frequentemente marcadas por uma ausência de inibição social, com falta de cautela e reserva normais. São impopulares com as outras crianças e podem se tornar isoladas socialmente. Estes transtornos se acompanham frequentemente de um déficit cognitivo e de um retardo específico do desenvolvimento da motricidade e da linguagem.

Em alguns momentos e casos, a criança demonstra o lado ruim da sua criação e mostra falta de educação e de carisma nas suas relações por se constituir assim em sua casa e com a sua família.

O TDAH é uma síndrome heterogênica, de etiologia multifatorial, dependente de fatores genéticos e familiares com adversidades biológicas e psicossociais, caracterizada pela presença de um desempenho inapropriado nos mecanismos que regulam a atenção, a reflexibilidade e a atividade motora.

Seu início é precoce, sua evolução tende a ser crônica. Capellini (2005), em uma visão mais clínica, afirma que fatores genéticos, neurológicos e ambientais combinados podem desencadear o distúrbio de aprendizagem, sendo que fatores pedagógicos e psicopedagógicos podem apenas agravá-los.

O sucesso em sala de aula, frequentemente, exige uma série de intervenções. A maioria das crianças com TDAH permanece na sala de aula normal, com pequenos ajustes na sala, como atividades adaptadas e posicionamento do aluno dentro do grupo em lugar específico. As crianças com problemas mais sérios exigem salas de aula com acompanhamentos especiais e específicos para os seus problemas. As tarefas podem variar, mas continuar sendo interessantes para o aluno, assim como a criatividade e habilidade do professor mediante as tarefas. Os horários de transição (mudanças de tarefas) das crianças devem ser supervisionados, e muitas vezes o supervisor é o próprio professor. A comunicação entre pais, pedagogos e professores deve ser frequente. Os professores também precisam ficar atentos ao quadro negativo de seu comportamento. As expectativas devem ser adequadas ao nível de habilidade da criança e deve-se estar preparado para mudanças e adequações.

Os pais e professores podem, de maneira eficaz, auxiliar na reintegração do indivíduo aos grupos sociais pedagógicos e possibilitar a estimulação e valorização de seu aprendizado. Deve-se saber também que apenas um médico pode fornecer o diagnóstico definitivo sobre o TDAH e seus acompanhamentos.

Entendemos que as escolas públicas no município de Vila Velha não têm como dar assistência a essas crianças. Mesmo sendo determinada por lei a obrigação de atendê-las e inseri-las no meio socioeducacional, essas escolas não estão preparadas física e profissionalmente para cumprir com esse papel; em contrapartida, recebem esse público e buscam maneiras paliativas para ajudá-lo até terem condições para atendê-los como se deve. O que se espera são as capacitações para esses profissionais educadores receberem os educandos com suposto déficit de hiperatividade e desenvolver metodologias para realizar aulas que os envolvam nas atividades e os façam interagir socialmente com os demais alunos. Inserir projetos e realizá-los ajudará a conscientizar e acolher as crianças especiais, para que a educação seja de qualidade e torne a escola um ambiente prazeroso moderno, que caminhe junto com as mudanças.

> Educar é transformar o indivíduo, é prepará-lo para o mundo, conhecendo suas razões, a fim de promover sua integração total. É oferecer a este indivíduo melhores condições para não condicioná-lo, mas deixá-lo viver, conhe-

> cer, agir, querer, dizer e buscar o seu aprimoramento e a transformação do mundo (Beltrão, 2012, p. 15).

O professor precisa estar comprometido com o seu trabalho de modo a garantir a todos a aprendizagem de forma que atenda as demandas sociais e exerça sua cidadania, de modo que a comunicação, no mundo letrado, no desempenho sociocultural, esteja ligada ao desenvolvimento dos supostos portadores de TDAH. O trabalho coletivo entre pais, professores, pedagogos escolares, psicólogos, neurologistas e médicos permitirá à criança incluir-se em uma rotina estruturada em seu cotidiano, criando assim possibilidades de desenvolver uma vida normal.

Segundo a LDB, Capítulo V da educação especial:

> Art. 58. Entende-se por educação especial, para os efeitos desta Lei, a modalidade de educação escolar, oferecida preferencialmente na rede regular de ensino, para educandos portadores de necessidades especiais. § 2º O atendimento educacional será feito em classes, escolas ou serviços especializados, sempre que, em função das condições específicas dos alunos, não for possível a sua integração nas classes comuns de ensino regular. III – professores com especialização adequada em nível médio ou superior, para atendimento especializado, bem como professores do ensino regular capacitados para a integração desses educandos nas classes comuns; Parágrafo único. O Poder Público adotará, como alternativa preferencial, a ampliação do atendimento aos educandos com necessidades especiais na própria rede pública regular de ensino, independentemente do apoio às instituições previstas neste artigo (Brasil, 1996, p. 17).

A criança com TDAH tem, assegurado pela lei, o direito a uma educação de qualidade, para que possa se sentir acolhida e protegida em um espaço escolar. Nessa perspectiva, a mediação feita com a criança é a primeira análise. O planejamento das intervenções diante dos relatos expostos nos primeiros contatos com a família é importante, pois permite a aproximação professor-aluno e escola-família, possibilitando ao aluno fazer parte do seu grupo de matrícula.

De acordo com as diretrizes nacionais para a educação especial na Educação Básica, a sala de aula é um recurso de apoio pedagógico especializado, que o sistema educacional oferece para assegurar a educação aos alunos com necessidades educacionais especiais, no ensino regular, e realizar atendimento complementar às necessidades especiais em salas de recursos, providas de material e equipamentos adequados na própria escola, ou em outra escola, sob orientação de professores especializados, de acordo com a demanda, utilizando ainda o contraturno.

O TDAH é apresentado, também, pelo discurso médico, como entidade nosológica localizada no aparato cerebral e merecedor de tratamento específico. A disseminação e a consolidação dessa categoria nosológica dependem da apropriação de tal discurso por outros grupos; mais que apropriação, solicita-se dos profissionais uma implicação e um posicionamento que o reconheçam e o façam ser conhecido também em outros espaços, além dos escolares.

A escola, no caso do TDAH, é um espaço privilegiado para essa divulgação, aprendizado e conhecimento; e o que se demanda dos educadores é a repetição desse discurso. Existe além dessa repetição uma indignação, pela falta de seriedade no discurso do cuidado médico. Para Foucault (1975), "a doença só tem realidade e valor de doença no interior de uma cultura que a reconhece como tal", sendo esse reconhecimento o que instaura o discurso médico, afirmando sua maestria ou domínio.

Numa perspectiva semelhante à de Foucault, Clavreul (1985, p. 26) observa que tal discurso constitui seu domínio a partir da nomeação da doença, ou seja, do diagnóstico, no qual "o médico mostra que aquilo de que o doente sofre tem seu lugar no sistema dos significantes que constitui o discurso médico".

O discurso médico é normativo, instaura-se como ordem e prima por excluir a subjetividade tanto daquele que o enuncia como daquele que o escuta. Falar da medicina como discurso remete ao fato de que muitos participam dele, mesmo que não possuam seu saber e sua prática (Clavreul, 1985, p. 38).

Um discurso é algo que se alastra socialmente e que pode ser compartilhado por muitos. Desse modo, também compartilhamos o sentido da doença para todos e fazemos com isso que se torne conhecida, contida assim uma identidade.

O discurso médico apoia-se no modelo biomédico descrito por Capra (1982) como a moderna medicina científica que se sustenta pelo paradigma cartesiano, no qual o corpo humano é tomado como máquina, em que se busca localizar os seus desajustes na estrutura ou no funcionamento orgânico. O papel dos médicos é intervir física ou quimicamente para consertar ou regular os desajustes.

A criança portadora do TDAH depara-se com diferentes desafios, com intensidades desiguais. As piores situações advêm de pessoas desinformadas e despreparadas para o trato com a criança em questão, ficando exposta e vulnerável às consequências desastrosas ao seu desenvolvimento. Inserida no contexto da escola, depara-se com a possibilidade de ter um baixo rendimento escolar em virtude de suas limitações, típicas do portador do TDAH. Socialmente, enfrenta problemas em relacionar-se, podendo, dependendo do grau e do tipo do TDAH, ser desde o inconveniente, extrovertido ao extremo até aquele que se apresenta totalmente apático ao mundo, tornando-se um ser antissocial.

Diante dessas situações, surge então a possibilidade de a criança com TDAH apresentar distúrbios relacionados à autoestima, mesmo sendo muito inteligente. Também são muito sensíveis e percebem qualquer tipo de discriminação e exclusão pelas suas dificuldades e falhas sociais de conduta ou memória.

Acumulam ainda uma série de interferências no desenvolvimento educacional, social e futuramente no profissional, pois esses sintomas são somatórios e estão intrinsecamente interligados. Porém, conforme citado anteriormente, ao amadurecer, o indivíduo passa por uma acomodação natural dos sintomas por exigências ambientais, pela maturidade e por se sentir e se observar em momento oportuno do seu convívio e trabalho. Devido a isso, muitos estudiosos acreditavam que o TDAH tendia a desaparecer com a chegada da adolescência.

Em grande parte dos casos, o TDAH não vem sozinho. Esses "acompanhantes" são conhecidos na psiquiatria como "comorbidades", ou seja, um ou mais transtornos psiquiátricos em coexistência com o transtorno primário, o TDAH base. Comumente, esses transtornos "acessórios" desenvolvem-se secundariamente como consequência do transtorno primário, pois o desconforto e o sofrimento causados por este atingem de tal forma a vida da pessoa que outras síndromes vêm se somar à preexistente. Há transtornos específicos que "acompanham" o TDAH não por serem consequências, mas por haver uma relação íntima em suas origens biológicas. Podem-se citar algumas comorbidades mais frequentes, apenas para registrar suas existências. No entanto, isso não significa que deixam de ser importantes na composição do diagnóstico. As informações a seguir foram pesquisadas em Silva (2003) e Phelan (2005):

1. TDAH com Ansiedade – (30% dos diagnosticados) transtorno da preocupação interminável e ruminante. Tanto os meninos quanto as meninas portadores de TDAH mostram forte tendência a apresentarem problemas de ansiedade e, geralmente, essas crianças sofrem de mais de um distúrbio de ansiedade.
2. TDAH com Transtorno Obsessivo-Compulsivo (TOC) – transtorno de ansiedade caracterizado por pensamentos, imagens ou ideias intrusivas que causam desconforto e sofrimento, difíceis de controlar. É uma preocupação em demasia com esquecimentos, quanto a perdas materiais ou não. Desenvolve-se então como defesa, contra esse quadro, uma série de comportamentos ritualísticos que viabilizam amenizar essa insegurança.

3. TDAH com Pânico – caracteriza-se por um pico de ansiedade aguda e intensa, com duração aproximada entre 20 e 30 minutos.
4. TDAH com Fobias – medo acentuado e persistente de determinados objetos e situações (fobia simples) ou situações sociais e de desempenho (fobia social).
5. TDAH com Depressão – (20%) mergulho no pessimismo com penetrante sensação de baixo rendimento e baixa autoestima. Isso pode representar importantes alterações no modo de viver, envolvendo sintomas como mudança de peso, fadiga, nervosismo, alteração no sono, baixa concentração e pensamentos de morte, entre outros.
6. TDAH com Transtorno Bipolar de Humor – (10%) intensa variação de humor, indo do mais profundo poço da depressão aos picos de exaltação e de entusiasmo despropositado. Pode ser confundido com o TDAH, pois os dois envolvem altos níveis de energia e atividade.
7. TDAH com Transtornos Alimentares – os Transtornos Alimentares são definidos como desvios do comportamento alimentar que podem levar ao emagrecimento extremo ou à obesidade, entre outros problemas físicos e incapacidades. Os principais tipos de Transtornos Alimentares são a Anorexia Nervosa e a Bulimia Nervosa.
8. TDAH com Transtorno Desafiador Opositivo – (meninos: 60% e meninas: 30%) comportamento com padrão de desafio e desrespeito a figura de autoridade e a regras estabelecidas. Apresentam temperamento difícil, brigam e culpam os outros pelos seus erros. São rancorosos, vingativos, negativos, desafiadores, resistentes e deliberadamente desobedientes. Tendem a "progredir" ao Transtorno de Conduta.
9. TDAH com Transtorno de Conduta – (meninos: 25% e meninas: 8%) comportamento desajustado como agressões, violação de regras, desrespeito e delinquência. Essas crianças querem mesmo irritar qualquer um e se tornam muito boas nisso. Gostam de magoar os outros. Buscam sempre intimidar, ameaçar e brigar.
10. TDAH com o uso de drogas – busca de um suposto alívio na inquietação mental e física, ou seja, busca por uma forma de "anestesiar" os pensamentos.
11. TDAH com Transtornos do Sono – (30%) alterações físicas e mentais durante o repouso que impossibilitam um descanso adequado.
12. TDAH com Distúrbios de Tiques – (10% a 15%) os tiques são repentinos e repetitivos movimentos motores, de curta duração. Quando ocorrem têm, em geral, uma intensidade de suave a moderada. Podem desaparecer durante a adolescência ou na idade adulta.

13. TDAH com Distúrbios de Aprendizagem – (meninos: de 25% a 30% e meninas: 15%) podem apresentar dislexia (problemas de leitura), disgrafia (problemas na escrita), discalculia (problemas com a matemática), entre outros. Esses problemas fazem com que o rendimento, o desempenho do aluno fique abaixo do esperado diante de sua capacidade intelectual. Os distúrbios são crônicos e às vezes invisíveis, não tendo nenhuma relação com seu QI.

O fracasso escolar pode ser caracterizado como uma comorbidade pedagógica e não psiquiátrica, que se soma aos sintomas do TDAH no decorrer do processo de ensino-aprendizagem. Em virtude desse fato, aqui transpomos o termo comorbidade para a área da educação. "As crianças emocional e socialmente desajustadas tendem a obter fracos resultados escolares, na medida em que os distúrbios emocionais desintegram o comportamento e, consequentemente, o potencial de aprendizagem" (Fonseca, 1995, p. 31).

2.5.1. O PAPEL DOS PROFESSORES PARA O DIAGNÓSTICO DE TDAH

Professores do Ensino Fundamental e do Médio podem ter papel fundamental para ajudar a solucionar problemas com o TDAH. É evidente que crianças e adolescentes com TDAH são capazes de prestar atenção em algumas situações, especialmente aquelas que envolvem tarefas prazerosas (jogos eletrônicos, por exemplo). Também é evidente que a desatenção, ou mesmo a hiperatividade, se tornará mais proeminente nas situações de maior demanda cognitiva, como atividades em sala de aula.

Mesmo em casos nos quais os pais são capazes de perceber os sintomas na interação dentro de casa, apenas um ambiente não é suficiente para o diagnóstico, o que reitera a importância de conhecer os comportamentos apresentados na escola.

Países como os Estados Unidos já vivem a experiência de ter professores como grandes solicitantes de avaliação médica por suspeita de TDAH e/ou outros transtornos específicos. Um estudo realizado na capital estadunidense revelou que até 46,4% dos diagnósticos infantis de TDAH ocorriam após suspeitas aventadas por professores – em apenas 30,2% dos casos, os pais foram os primeiros a suspeitar (Sax & Kaut, 2003).

Na PMVV, a relação deste transtorno com o sistema escolar se faz presente também com relatórios pedagógicos e por meio de reuniões entre os responsáveis e o professor regente. A família é comunicada das observações da escola e, a partir daí, após a entrega do relatório à família para a consulta ao pediatra é que todo o trabalho se inicia. Com o retorno da família e do diagnóstico confirmado, a escola tem como prioridade o trabalho pedagógico na sala de aula. Inicialmente, de acordo com o escopo das doenças acompanhadas pela PMVV, o TDAH não entra no escopo e não tem direito a EE e a cuidador para acompanhamento diário ou em momentos específicos. Em alguns casos de grande influência é que pedimos a atenção do Setor da EE, para o trabalho de auxílio e intervenção ocasional.

Esse documento específico que inclui o TDAH apareceu em 2016 nas escolas da PMVV, para o preenchimento e trabalho ocasional; abaixo do título "alunos portadores de TDAH" vem mencionado que este não faz parte do escopo de trabalho.

Ressalta-se que o papel dos professores é apenas de indicar alunos e casos (crianças e adolescentes) para a investigação clínica, não havendo responsabilidade única com o diagnóstico, que é realizado por médicos. Esses achados podem ser discrepantes na sociedade brasileira, uma vez que por aqui o conhecimento sobre o transtorno é escasso em diversos grupos de profissionais, incluindo educadores e diferentes profissionais de saúde.

Gomes et al. (2007) demonstraram que menos de 50% dos educadores acreditava que o TDAH seria uma doença que demandasse tratamento medicamentoso, o que já evidencia um grande desconhecimento sobre o transtorno – deve-se ressaltar que o desconhecimento era evidente também em grande parte dos profissionais de saúde.

Apesar de os dados serem relativamente antigos, é provável que ainda estejamos convivendo com panorama semelhante, o que pode dificultar a pesquisa. É comum que a ausência de relato escolar em algumas situações – por recusa da escola que não teve informações sobre a importância desse relato para a pesquisa – demande que pais tenham que responder perguntas sobre o comportamento de seus filhos na escola, embora eles mesmos não tenham como observá-los nesse ambiente.

Idealmente, a investigação diagnóstica deve ter pais relatando sobre os sintomas em casa, ao passo que o melhor informante para o ambiente escolar é obviamente o professor (Nijs et al., 2004). Em contrapartida, adolescentes e naturalmente as crianças tendem a minimizar seus sintomas (Rohde & Benczik, 1999), o que novamente remonta à necessidade de ter informações dos professores.

É inegável que investimentos em conhecimento sobre o transtorno e suas manifestações mais comuns em sala de aula poderão melhorar a qualidade de vida de indivíduos que permanecem sem diagnóstico. Uma curtíssima e simples experiência britânica mostra-nos que o treinamento dos professores pode ser mais simples e barato do que poderíamos imaginar.

Sayal e Taylor (2006) realizaram treinamentos curtos com 96 professores, com duração de aproximadamente 45 minutos, além de fornecerem materiais por escrito com informações sobre manifestações do TDAH na escola, necessidade de os sintomas estarem presentes em mais de um ambiente e estratégias em sala de aula. O estudo mostra o potencial que estratégias um pouco mais longas podem ter.

Naturalmente, o diagnóstico de TDAH será sempre responsabilidade clínica e jamais pedagógica. Porém, os professores trazem consigo uma considerável experiência em comportamentos que ocorrem com maior ou menor frequência em faixas etárias específicas, o que permite a identificação daqueles alunos com comportamentos discrepantes dos demais. O olhar do professor é sempre diagnóstico no processo de localização deste problema.

É compreensível e necessário que a formação acadêmica acrescente os conhecimentos referentes (e específicos) de psicopatologia e da neurociência,[4] porém, estes ocupam papel de observador exatamente em um dos ambientes nos quais a sintomatologia do TDAH pode se tornar mais evidente.

Esta experiência dos professores não deve ser desprezada, mas sim refinada e utilizada como grande aliada para solicitar avaliação clínica quando necessário para relatar sintomas dentro de sala de aula e, quem sabe, para aplicar estratégias em um futuro breve.

Convém ressaltar que os indivíduos com NE são agrupados para facilitar a comunicação entre os profissionais, sendo comum encontrar a seguinte classificação:

Quadro 3 – Classificação dos indivíduos com necessidades especiais

Desvios mentais	▸ intelectualmente superiores ▸ lentas quanto à capacidade de aprendizagem
Deficiências sensoriais	▸ deficiências auditivas ▸ deficiências visuais
Desordens de comunicação	▸ distúrbios de aprendizagem ▸ deficiências da fala e da linguagem
Desordens de comportamento	▸ distúrbio emocional ▸ desajustamento social
Deficiências múltiplas e graves	▸ paralisia cerebral e retardamento mental ▸ surdez e cegueira ▸ deficiências físicas ▸ deficiências intelectuais graves

Fonte: Adaptado de Correia et al. (2001).

4 Verificar descrição da proposta de inserção de tais conhecimentos na grade curricular dos Cursos de Pedagogia. Título Conclusão.

> Mas até que o indivíduo seja diagnosticado com Problemas de Aprendizagem (PA), há o sofrimento e as situações que terão que enfrentar como frustrações, o fracasso e o descaso, que destroem a autoconfiança, motivação e expectativas de sucesso. Quanto mais tempo sem o reconhecimento é provável que os problemas comecem a aumentar (Strick & Smith, 2001, p. 25).

2.5.2. FATORES DA INADEQUAÇÃO ESCOLAR DO ALUNO COM DIAGNÓSTICO DE TDAH

Alguns professores dizem que os alunos não são mais como antigamente. Que bom que eles perceberam isso, não são mesmo, são outros. Alguns professores parecem não ter notado isso ainda, os alunos deste momento acadêmico não são os mesmos. Estão em contextos diferentes, em famílias diferentes, e são únicos em seus fazeres e futuro. Não se parecem em nada com o que teríamos nas nossas décadas de formação ou nas nossas gerações. Esse aluno não existe mais e não voltará esse tempo. Passou.

Não devemos ter saudosismo para não cometermos erros em achar que o "ontem" foi "melhor". Quando dizemos que antigamente os alunos se levantavam quando o professor entrava na sala, não falavam entre si, pediam "licença" para tudo, também estamos falando mais do medo da hierarquia, refletido em regimes autoritários, do que do respeito pela profissão de professor. Esse tempo passou e agora esse perfil que era dos filhos é dos pais que não estavam satisfeitos com sua geração e criação. Um pouco de liberdade se deu a partir daí.

Muitas escolas inseriram em seu cotidiano parafernálias tecnológicas, projetos desastrosos e motivos para não incluir, pensando ainda no aluno sem o TDAH e incluindo as possibilidades e não os desafios. Daí, a escola muitas vezes ficou de fora da implementação da gestão da inclusão.

O problema não são as iniciativas em si, mas a falta de fundamentação teórica, de estudos científicos sérios, de propósitos que ultrapassem o marketing e o convencimento dessa população que voltou para a escola e agora são pais e mães dos nossos alunos, em escolas particulares ou municipais, como aquelas em que manteremos o foco.

As práticas pedagógicas têm se tornado cada vez mais imediatistas, os problemas sociais têm agravado a situação da educação, uma vez que a Escola possui diversas demandas e responsabilidades suplementares. As tentativas de superar os males que afetam os processos de ensino e aprendizagem atribuem-se, entre outros fatores, a delegar às unidades escolares, aos professores e a comunidade as soluções dos problemas da Escola sem antes fortalecê-los com treinamentos ímpares e específicos para cada caso. "O instrumento de análise é a consciência intencional, motivo para se extrair sentido nas relações de vivência e realidade. A educação assim seria tratada como uma experiência existencial" (Beltrão, 2012, p. 18).

A melhoria da educação de qualidade começa a acontecer, com a mediação da escola, de modo pontual e sério, entre a comunidade e o governo. Para tanto, faz-se necessário contar com a participação de gestores, professores, comunidade e pais comprometidos com as mudanças de sucesso para a qualidade de ensino. Esses professores precisam de apoio para crescer intelectual e pedagogicamente e refazer seus hábitos e cultura pedagógica para acrescentar novos hábitos em seu progresso acadêmico. O perfil de formação docente deve surgir ilimitado e favorável às novas gerações de pais e alunos que se atendem hoje.

Para o funcionamento natural da Escola, faz-se necessário que a gestão de pessoas ocorra de maneira salutar, uma vez que é das interações e relações pessoais que nascem o compromisso e o interesse de todos em desempenhar um bom trabalho. Nesta perspectiva que emerge uma gestão escolar verdadeiramente democrática, em que há a participação e o cuidado de todos com aquilo que é coletivo, a Escola e o perfil educacional dos seus alunos. "Vencer o desafio da educação, em nosso País, pressupõe um pacto de toda sociedade pela educação. Somente assim, esta deixará de ser prioridade do discurso dos políticos e da política, transformando-se em prioridade na prática da gestão pública" (Vieira, 2008, p. 48).

As dificuldades encontradas pelo pedagogo no desempenho de seu papel esbarram em outros assuntos a serem superados: o acúmulo de atribuições, as carências estruturais e culturais desencadeiam preocupações no cenário da PMVV. O conhecimento e a realização de estudos podem mudar este cenário e mediar, de fato, os processos acadêmicos de aprendizagem para o aluno com TDAH. Precisaremos apenas mudar o foco e entender o processo. Chegaremos ao que hoje ainda é início de uma questão profunda, ao estudo permanente de teorias e questões pedagógicas para evidenciar de modo produtivo a prática e o contexto efetivo da aprendizagem.

Desse modo, construímos cada passo por vez e criamos hábitos de superação e alimentação contínua de atividades pedagógicas de crescimento e de atendimento às necessidades diárias e constantes das nossas crianças, sujeitos das suas casas e regiões, mas, com certeza, pessoas do mundo e para o mundo. Tudo isso visando traduzir suas ideias e consolidar seu conhecimento e aprendizado a partir das reflexões advindas dos nossos encontros, estudos e análises.

Alguns dos itens seguintes são fatores para a inadequação escolar do aluno com Diagnóstico de TDAH, revelados na escola da PMVV a partir das observações e ponderações dos professores regentes de turma:

- presta pouca atenção a detalhes e comete erros por falta de atenção;
- dificuldade de se concentrar (tanto nas tarefas escolares quanto em jogos e brincadeiras); não consegue parar e ficar quieto; torna-se um peso ao professor por sua falta de quietude e por suas grosserias e insatisfações reais diversas e a todo o momento;
- parece estar prestando atenção em outras coisas, nunca nas atividades em sala;
- dificuldade em seguir instruções até o fim; deixa tarefas e deveres sem terminar;
- dificuldade em se organizar para fazer algo ou planejar com antecedência, não existe "se lembrar" da organização;
- relutância ou antipatia em relação a tarefas que exijam esforço mental por muito tempo (tais como estudo ou leitura);
- perde objetos necessários para realizar as tarefas ou atividades do dia a dia, de modo constante ou sempre;
- distrai-se com muita facilidade com seus próprios pensamentos; parece estar às vezes no mundo da lua;
- esquece-se de coisas que deveria fazer no dia a dia de modo automático e serial;
- fica mexendo mãos e pés quando sentado ou se mexe muito na cadeira; às vezes se levanta a todo instante;
- dificuldades de permanecer sentado em situações em que isso é esperado (sala de aula);
- correr ou escalar coisas em situações nas quais isto é inapropriado (em adolescentes e crianças pode se restringir a um sentir-se inquieto por dentro);
- dificuldade em se manter em atividades de lazer (jogos ou brincadeiras) em silêncio;
- parece ser elétrico e a "mil por hora";
- fala demais; argumenta tudo e em seu favor;
- responde perguntas antes de elas serem concluídas; é comum responder a pergunta sem ler até o final;
- não consegue aguardar a sua vez (nos jogos, na sala de aula, em filas etc.);
- interrompe os outros ou se mete nas conversas dos outros;

- quando aluno em regiões de periferia, retrata com constância e afinidade o linguajar mal educado das pessoas com quem convive e isto inclui os "palavrões e xingamentos", de modo a inibir a ação pedagógica e solicitar a presença constante dos responsáveis na escola;
- dificuldade de entendimento da família em perceber o aluno com o diagnóstico de TDAH e cobrança de cuidadores e professores da EE para o atendimento individualizado;
- interesse intenso da família em não ter reprovação por conta do diagnóstico em TDAH.

Nesse contexto e diante dessas circunstâncias, ser educador é um desafio, mas, sobretudo, um privilégio. Educar em períodos de turbulência e revolução na sociedade exige muitas habilidades do educador, como sensibilidade, flexibilidade, visão contemporânea, interação, além de capacidade e disponibilidade para o trabalho coletivo e emergencial.

Ao longo da história, a profissão docente vem sendo pautada por um caminho que oscila entre modelos que levam em conta conhecimentos fundamentais e modelos práticos que são considerados relevantes, como os métodos e as técnicas.

No contexto atual, na PMVV, ter o domínio e a compreensão ampla do processo de ensinar e aprender são aspectos fundamentais do conhecimento pedagógico que fazem parte da construção do conhecimento do professor. Mas ainda é extremamente relevante considerar que a trajetória de vida tanto pessoal como profissional, as crenças e a concepção de educação, mundo e infância, mundo e juventude são fatores decisivos e que influenciam o fazer pedagógico cotidianamente na escola pública municipal.

Isso leva, na verdade, o professor a preocupar-se não somente com o que ensinar, por que ensinar, a quem ensinar e como ensinar, mas compreender que nesse processo aquele que ensina está também incluído no processo de construção do conhecimento, numa dialética constante e ininterrupta. A construção do papel do professor é, portanto, algo que acontece coletivamente na prática em sala de aula e no exercício da atuação cotidiana na instituição escolar. O professor deve ser atuante, atual e fortalecer o seu conhecimento por meio das descobertas e do entendimento sobre as doenças e morbidades existentes hoje dentro da escola, na sala de aula. Desse modo, conseguirá perceber seu papel na nova geração de alunos e famílias existentes, permanecendo como ser integrante da ação educativa e de propostas de inclusão favoráveis a todo aluno em seu contexto escolar.

2.5.3. SUBTIPOS DO TDAH

Enfocamos a seguir a reprodução dos critérios mais utilizados na prática, que são os da Associação Psiquiátrica Americana (APA), publicados no *Manual Diagnóstico e Estatístico de Transtornos Mentais*, DSM-IV, 4ª edição, 1994, para os Transtornos de Déficit de Atenção/Hiperatividade (TDAH). Esses transtornos estão divididos atualmente em três subtipos, de acordo com o DSM-IV:

- Transtorno de Déficit de Atenção/Hiperatividade, Tipo Combinado: Este subtipo deve ser usado se seis (ou mais) sintomas de desatenção e seis (ou mais) sintomas de hiperatividade/impulsividade persistem há pelo menos 6 meses. A maioria das crianças e adolescentes com o transtorno tem o Tipo Combinado. Não se sabe se o mesmo vale para adultos com o transtorno.
- Transtorno de Déficit de Atenção/Hiperatividade, Tipo Predominante Desatento: Este subtipo deve ser usado se seis (ou mais) sintomas de desatenção (mas menos de seis sintomas de hiperatividade-impulsividade) persistem há pelo menos 6 meses.
- Transtorno de Déficit de Atenção/Hiperatividade, Tipo Predominante Hiperativo Impulsivo: Este subtipo deve ser usado se seis (ou mais) sintomas de hiperatividade impulsividade (mas menos de seis sintomas de desatenção) persistem há pelo menos 6 meses. A desatenção pode, com frequência, ser um aspecto clínico significativo nesses casos.

Alguns dos critérios diagnósticos para TDAH são Desatenção, Hiperatividade e Impulsividade e podem ocorrer na criança ou jovem a partir dos sete anos de idade, sendo alguns deles frequentes por seis meses ou mais, em grau mal adaptativo e inconsciente com o nível de desenvolvimento. O sujeito, portanto, não conhece o seu comportamento e não sabe que é inapropriado, daí a necessidade de haver modelos e atendimentos diários de conversas, observações e acompanhamentos. O aluno precisa ser orientado a fazer de uma maneira específica e para determinada função, só assim poderá ter a experiência significativa e constante para a sua vida em suas ações. O indivíduo "perde-se" a cada momento e não percebe que isso é uma falha, daí a dificuldade escolar ser a mais arriscada para o convívio.

2.5.4. DIFICULDADES NA PRÁTICA DOCENTE PARA A EDUCAÇÃO INCLUSIVA COM ALUNOS PORTADORES DE TDAH

Segundo Davidoff (2001), o diagnóstico deste distúrbio pode se tornar traiçoeiro, especialmente para profissionais menos experientes na educação e em sala de aula. As manifestações no comportamento – e a dificuldade de associá-las a algum sintoma ou problema físico –, o histórico do problema e a observação do comportamento da criança ou jovem, por outras pessoas do seu meio social como professores, amigos etc., são de vital importância para o diagnóstico do transtorno. Só por meio da observação se consegue diferenciar e ter um perfil do sujeito observado.

Levando em consideração as atitudes e roteiros mentais julgados importantes, mas ainda não padronizados, pode-se dizer que um aluno com o diagnóstico de TDAH ou TDA é um aluno diferente para o professor em sala de aula. Ele impede o processo educacional muitas vezes e oferece um trabalho impossível de se realizar sem haver conversa com ele, sua família ou depois de o aluno passar pela coordenação disciplinar. A convivência é difícil e o grupo de alunos restantes da sala de aula tende a ironizar as atitudes e falas do sujeito.

O histórico escolar e familiar pode mostrar problemas com a atenção, dificuldades de aprendizado, em se manter parado, e outras informações. Podem também aparecer problemas relacionados à gravidez e ao parto, já que a incidência deste problema em pessoas com hiperatividade é substancialmente maior do que na população normal. Também podem aparecer dificuldades na coordenação motora, problemas em tarefas como abotoar a roupa, amarrar os sapatos, pentear os cabelos, a visão de quantidade e o montante final, dificuldade em movimentos alternados rápidos. Podem, ainda, aparecer déficits de linguagem, problemas com a fala e problemas psicológicos secundários, como depressão, agressão, baixa autoestima, assim como sentimentos de rejeição. Embora não se saiba a explicação, pais de pessoas hiperativas tendem a ter um índice de separação no casamento maior do que na população em geral.

No caso do psicológico, as crianças hiperativas tendem a apresentar uma diferença grande entre os testes de atenção e memória em relação a outros testes como de inteligência geral. A reprodução dos cubos é uma tarefa particularmente difícil. No desenho da figura humana, a sua *performance* é inferior ao que seria esperado para uma criança da sua idade por causa de problemas de atenção, localização espacial, desenvolvimento mental e detalhes.

Muitas vezes, o diagnóstico é complicado pela dificuldade de diferenciação deste problema em relação a outros problemas físicos, psicológicos ou até a normalidade. "Por este motivo é essencial que o diagnóstico seja feito por uma equipe multidisciplinar composta de médicos, psicólogos e pedagogos junto com um detalhado histórico da doença como já foi afirmado acima" (Davidoff, 2001, p. 128).

Todos esses problemas podem ser resolvidos ou atenuados por meio da qualificação dos profissionais envolvidos no processo. Sensibilidade, técnica, conhecimento teórico e experiência são indispensáveis para que o profissional tenha condições de realizar um diagnóstico correto de hiperatividade, inclusive o pedagogo, especialmente naqueles casos mais complexos, em que a linha divisória entre este e outros problemas ou a normalidade não é clara.

Por isso, segundo Davidoff (2001), é necessário que se esteja atento a novos tipos de combinações entre hiperatividade e outras condições para a realização correta deste diagnóstico. As classificações propostas pelo autor são: sem hiperatividade, com ansiedade, com depressão, com outros problemas de aprendizado, com agitação ou mania, com drogadicção, em pessoas criativas, com comportamento de alto risco, com estados dissociativos com características de personalidade difícil, com distúrbios de conduta (em crianças) ou características antissociais (em adultos) com o Transtorno Obsessivo-Compulsivo (TOC).

Myers (1999) afirma que, para o diagnóstico diferencial entre a hiperatividade e estados dissociativos, o histórico completo e detalhado do paciente é fundamental. É necessário saber se o paciente não passou por nenhum trauma, já que muitas vezes estados dissociativos ligados a traumas podem assemelhar-se à distração do distúrbio. Outra saída para se tentar decidir por um ou outro diagnóstico é a busca por sintomas no histórico da pessoa, desde a infância, pois, mesmo que não tenha sido diagnosticada, ao contrário do que ocorre nos estados dissociativos, ela se lembra do que lhe ocorreu, só não sabendo que existe uma causa para seus problemas. Em alguns desses momentos, ela consegue até perceber suas manias, "erros" ou diferenças em seu comportamento.

> Pessoas com personalidade limítrofe costumam apresentar uma série de sintomas muito parecidos com a hiperatividade. Estes sintomas podem ser a instabilidade de humor, impulsividade, problemas de relacionamentos, problemas de performance em tarefas que lhe são dadas, etc... Infelizmente ainda não temos condições de delimitar claramente quais são as diferenças entre estes dois problemas. Por este motivo é que se torna importante para os profissionais da educação e, naturalmente, da saúde mental, estarem atentos quando

> diagnosticarem uma pessoa com personalidade limítrofe, verificarem se existem características típicas de forma a evitar enganos (Myers, 1999, p. 92).

Os problemas de conduta, segundo Myers (1999), são comportamentos que ocorrem em algumas crianças caracterizados por comportamentos agressivos, dificuldade de convivência com regras e sociedade. Embora já haja evidências de uma genética deste problema, é importante lembrar que crianças com esse distúrbio normalmente apresentam uma história comum, procedendo de famílias com sérios problemas, como pais ausentes, abusivos, uso de drogas, pobreza, falta de educação, comida etc. Esses comportamentos podem ser facilmente confundidos com a hiperatividade. É importante para os profissionais da educação estarem atentos a pequenas diferenças existentes entre os dois problemas. Essa é uma grande dificuldade hoje na PMVV. Problemas como estes deixam a escola e os professores vulneráveis e sem muita ação pedagógica, por depararem com tantas outras situações que fogem da realidade acadêmica. Difícil processo.

Uma criança com hiperatividade, quando tem um problema, pode ficar frustrada, porém uma criança com problemas de conduta procura imediatamente alguém para culpar pelo seu problema, geralmente não costumam assumir seus erros por comportamento que incluam outras pessoas próximas. As explosões emocionais de crianças com hiperatividade tendem a ser impulsivas e espontâneas enquanto a de uma criança com problemas de conduta tendem a ser planejadas, esperando por algum ataque ou insulto externo para acontecer. Além disso, crianças com distúrbio de conduta não apresentam geralmente os problemas de atenção e concentração das crianças com hiperatividade. Ponto crucial da observação.

No que se refere ao conjunto de habilidades e competências necessárias aos professores para a prática com alunos incluídos, algumas delas devem ser destacadas aqui conforme o processo de trabalho pedagógico em vigor e necessário. Algumas dessas habilidades e competências devem estar presentes e estão no cotidiano da escola da PMVV:

Quadro 4 – Caminhos para construção de habilidades e competências

- partir da ideia de que "todos os alunos podem aprender", valorizando as potencialidades de aprendizagem de cada um;
- reafirmar que a aprendizagem é um processo individual, ocorrendo de maneira ativa em cada pessoa, de tal maneira que é o aluno que controla o seu processo de aprendizagem, sempre partindo do que sabe e influenciado por sua história pessoal e social;
- desenvolver a autoestima como uma das condições de aprendizagem, uma vez que o sentimento de pertencer a um grupo social, sentindo-se útil e valorizado, possibilita o agir e o crescer com o outro;
- estimular a autonomia dos alunos mediante a construção de sua aprendizagem;
- avaliar permanentemente as aprendizagens;
- avaliar o progresso de cada aluno segundo seu ritmo, do ponto de vista da evolução de suas competências ao resolver problemas de toda ordem e na participação da vida social;
- desenvolver a cooperação entre os alunos e certas formas de ensino mútuo, pois toda pedagogia diferenciada exige cooperação ativa dos alunos e dos seus pais, diminuindo a discriminação entre eles;
- envolver os alunos em suas aprendizagens e em seu trabalho, despertando o desejo de aprender e propondo tarefas cognitivas de maneira lúdica e interessante, a partir das quais deveria ser desenvolvida no educando a capacidade de auto-avaliação;
- inserir-se no universo cultural dos alunos.

Fonte: Vale & Guedes, 2003, p. 52-53.

O professor deve valorizar a diversidade como aspecto importante no processo de ensino-aprendizagem. Necessita ser capaz de construir estratégias de ensino, bem como adaptar atividades e conteúdos, não só em relação aos alunos considerados especiais ou com TDAH ou TDA, mas para a prática educativa como um todo, diminuindo, assim, a segregação, a evasão e o fracasso escolar.

É relevante destacar que, de modo geral, a formação recebida pelos professores influencia diretamente no desenvolvimento dos alunos (Libâneo, 1999). No caso específico aqui tratado, de fato, a aquisição de competências e habilidades pelo aluno com necessidades especiais tem no professor o indispensável apoio e a orientação segura para o seu desenvolvimento.

Isto ocorre de forma mais intensa quando, a partir de sua formação, o professor alimenta sua própria capacidade reflexiva no trabalho em equipe. Como salienta Ainscow (1997), a reflexão crítica em equipe é fundamental para criar as condições para a implementação da educação inclusiva.

Um fator que precisa ser levado em consideração quando se fala em formação de professores é a diversidade regional e socioeconômica do Brasil e seu rebatimento na universidade, instituição responsável pela formação de parte significativa dos professores. Esse aspecto é de grande importância e deve ser analisado no que tange aos investimentos necessários para o intercâmbio e a disseminação do conhecimento produzido pela academia (Gatti, 1996).

No Brasil, a formação de professores e demais agentes educacionais ligados à educação segue ainda um modelo tradicional, inadequado para suprir as reivindicações em favor da educação inclusiva. Vale destacar que, entre os cursos de Pedagogia e de Pedagogia com habilitação em Educação Especial, poucos são aqueles que oferecem disciplinas ou conteúdos voltados para a educação de pessoas com necessidades especiais. Essa situação de carência na oferta de disciplinas e conteúdos vem ocorrendo apesar da exigência do §2º do artigo 24 do Decreto nº 3.298, de 20 de dezembro de 1999. Além desse Decreto, há também a Portaria nº 1.793/94, que recomenda a inclusão da disciplina "Aspectos ético-político-educacionais da normalização e integração da pessoa portadora de necessidades especiais" prioritariamente em todos os cursos de licenciatura. Sem falar na prática docente para o professor do curso de Pedagogia. Esse professor deve ser enviado das escolas, com experiências próprias e olhar acadêmico sobre as necessidades e ações necessárias às mudanças e observações na prática.

A visão do professor deve ser ampla, sistemática e prática do dia a dia do trabalho efetivo com sua teoria, desse modo se alterará de forma positiva a dificuldade na prática docente para o trabalho com o TDAH.

3

MARCO METODOLÓGICO

Neste capítulo, demonstram-se as orientações metodológicas bem como um conjunto de alternativas metodológicas aplicadas na operacionalização desta pesquisa. Foi realizada uma pesquisa de campo, por meio de um questionário, para se investigarem as representações sociais dos educadores sobre o TDAH, visando, a partir deles, analisar as implicações desses profissionais diante de tal diagnóstico médico. Trata-se de uma pesquisa qualitativa e descritiva, que teve como sujeitos os professores da PMVV e que utilizou um recurso de coleta de dados comum à pesquisa em Escola.

É partindo do questionamento sobre a implicação do educador diante do TDAH que se pergunta sobre o seu trabalho na sala de aula e na Escola e o que um grupo de professores possui de conhecimento, informação e experiências sobre o referido transtorno. O objetivo geral foi analisar as características do trabalho pedagógico de acompanhamento em sala de aula por parte do professor com os alunos com laudo médico, portadores do diagnóstico de TDAH e suas necessidades específicas.

Assim, nesse recorte investigativo, buscou-se, por meio das descrições dos educadores, que ora se evidenciam em números e ora em palavras, chegar aos objetivos da pesquisa. A descrição possui significativa importância no desenvolvimento da pesquisa qualitativa. Tal descrição será cada vez melhor quanto mais se facilitar o reconhecimento do objeto pesquisado, dando a ele um número de atributos (Martins, 2004). Ao buscar as Representações Sociais de um grupo de professores, pensa-se no grupo como espaço de veiculação de crenças, valores, saberes; portanto, como contexto de produção e criatividade.

A ideia desta pesquisa surgiu em 2012, quando trabalhávamos numa Escola Municipal do Município de Vila Velha, e, durante o tempo de trabalho, observou-se com cuidado a quantidade de crianças e jovens com problemas no seu comportamento e que necessitavam de um acompanhamento maior e trabalhoso da equipe escolar, no que se referia à retenção do conhecimento adquirido e ao trabalho de acompanhamento escolar. Percebeu-se que estes alunos eram diferentes em suas análises e que precisariam de algo clínico e de eficácia pedagógica para o convívio escolar com o grupo. Desse modo, observamos então que estes alunos não conseguiriam sem esta ajuda e olhar.

Daí iniciou-se um questionamento em relação ao escopo de atendimento da Prefeitura Municipal de Vila Velha no que diz respeito ao aluno com TDAH. Durante o tempo de trabalho, não obtivemos as respostas adequadas, por não haver este transtorno no escopo dessa prefeitura. Desse modo, surgiu a determinação para o entendimento desta doença e a necessidade de se incluir esse aluno nesse atendimento, facilitando o seu desenvolvimento escolar e social. Sendo assim, buscamos para as análises um grupo de professores que unificam as representações sobre um objeto ou fenômeno; assim como também, num processo interativo, essa conglobação representativa leva à unificação como grupo. Neste contexto de grupo, buscamos a análise do trabalho e do seu cotidiano nesta realidade de alunos com laudos de TDAH.

Para esse "grupo natural ou real", isto é, um grupo já existente na vida cotidiana anteriormente à pesquisa, Flic (2004) direciona algumas questões, como as seguintes:

- Como e por que os educadores vêm se apropriando do TDAH?
- Quais as relações desses educadores com o diagnóstico ou com os sintomas do transtorno?
- Qual o nível de conhecimento dos educadores em relação às crianças que são diagnosticadas com TDAH?
- Pode-se aprender com os educadores sobre tais crianças e seus sintomas?

Juntando essas questões, produzimos as nossas e consolidamos o trabalho junto com os professores da escola pública municipal de Vila Velha ES. O momento importante seria entender que essas crianças necessitariam de uma ajuda constante e preliminar para o seu ajustamento escolar e demandas da vida social. Crianças com essas possibilidades devem fazer parte de um escopo necessário de acompanhamento e direcionamento para alcançar seus objetivos e realidades sociais emergentes para o seu convívio e suas vidas.

Entendemos a necessidade de verificarmos esse quadro de alunos com o laudo de TDAH e no qual caminhavam nossas expectativas, para colocarmos em prática o trabalho pedagógico escolar. Desse modo, os professores foram verificados na sua experiência, no seu talento e nas suas atividades diárias, tentando-se analisar o seu trabalho, a inclusão deste público e o acesso no cotidiano da sala de aula. Entendemos que esse aluno é especial e precisa ser compreendido antes de prosperar e ter sucesso acadêmico esperado.

Na PMVV pesquisada, surgiu, em 2016, um documento de registro da EE para incluir os nomes dos alunos possivelmente atendidos, sem serem ainda incluídos no escopo, mas já percebidos pelo grupo de professores. Esse documento causou certo movimento na escola, já que passa a ser norteado e visualizado o aluno com TDAH.

Essas questões nortearam todos os contatos, subsidiados pela técnica metodológica do questionário, tendo como referência o grupo de professores da PMVV em questão. A escola foi o contexto empírico utilizado na pesquisa, pois, como já dito, é nesse contexto que se problematiza a manifestação e/ou a incidência do TDAH nos últimos tempos, sendo este um dos objetivos propostos na pesquisa. Assim sendo, procurou-se enfatizar a relação entre micro e macrossocial desse perfil na Escola. "[...] busca-se estabelecer a mediação entre o momento singular expresso no cotidiano escolar e o movimento social" (André, 2004, p. 42).

Escolheu-se a escola como foco de estudo com o objetivo de abordá-la não somente em suas dinâmicas internas, mas, particularmente, como parte de um todo social, que, de alguma forma, determina-a e com o qual ela mantém relações (André, 2004).

Esta pesquisa aponta para a abrangência da pesquisa educacional. Como mostra Gatti (2002), na prática, a pesquisa educacional envolve desde problemas de desenvolvimento bioneurológico relacionados às possibilidades de aprendizagem até questões de ordem social mais amplas, uma vez que a educação se processa num sistema de relações sociais. Neste trabalho, tem-se um olhar no problema único do aluno portador de TDAH.

Gatti (2002, p. 14) questiona sobre o que especificaria a pesquisa educacional diante da abrangência acima comentada. A autora tem como resposta: "que o ato de educar seja o ponto de partida e o ponto de chegada da pesquisa" em educação. Isso é o que se vislumbra na presente pesquisa, quando se investiga a representação e a implicação do educador diante do TDAH, gerando consequências ao seu ato de educar.

A pesquisa foi realizada em Vila Velha-ES, devido à facilidade de acesso aos participantes e porque resido nessa cidade e trabalho na função de Pedagoga na Secretaria Municipal de Educação (SEMED), com a qual esses professores possuem vínculos empregatícios. No planejamento da investigação, solicitou-se à SEMED autorização para a realização da pesquisa. Esta, por meio da Secretária Municipal de Educação, colocou-se à disposição em relação ao que pudesse facilitar o contato com os professores e o desenvolvimento da pesquisa. Assim, com esta autorização, pudemos adentrar nas UMEFs e aplicar os questionários aos professores disponíveis e acessíveis.

Trata-se de uma pesquisa livre e de fácil acesso, contudo não obrigatória nas suas respostas, tendo-se que registrar, inclusive, que alguns dos professores da rede presentes não preencheram o questionário por opção particular.

O meu cargo determina de modo significativo a participação em eventos de treinamento e acompanhamentos em reuniões normativas e de preparação do grupo para o cotidiano e pretensões da SEMED na escola. Nos eventos de capacitação de educadores, tenho a função de esclarecer e sensibilizar esses profissionais para a colaboração na pesquisa e nas questões pedagógicas do dia a dia. Por vezes, nesses momentos, os professores manifestavam certa resistência em participar da pesquisa, justificada pela falta de conhecimento do TDAH.

Diante disso, era esclarecido e afirmado que eles possuíam alguma representação sobre o transtorno, mesmo não conhecendo os conceitos médicos a fundo. Isso contribuía para uma maior participação, mesmo com alguns poucos professores mantendo a resistência. Parece que a minha afirmação, diante desses educadores, de que eles eram capazes de dizer algo sobre o que há muito tempo vinham ouvindo os médicos falarem era um convite para que eles repensassem o TDAH na escola, ajudando a SEMED a modificar o modo de inclusão do sujeito com esse transtorno.

Moscovici (1978, p. 64) ensina-nos que determinados objetos de conhecimento nos parecem distantes e estranhos porque se formaram e evoluíram sem relação conosco e que representá-los conduz a repensá-los, reexperimentá-los, refazê-los à nossa maneira, em nosso contexto. No primeiro semestre de 2016, por meio de pesquisa com a Subsecretária de Educação, Sra. Maria da Penha Adami Martins, verificou-se que o ensino municipal de Vila Velha apresenta-se com um total aproximado de 1.027 educadores, da Educação Infantil, Ensino Fundamental I e II, Ensino Médio e Educação de Jovens e Adultos (EJA), com 95 escolas no total. Devido à delimitação da pesquisa, só foram incluídas as escolas de Ensino Fundamental I. As 11 escolas que participaram da pesquisa atendem os níveis de escolarização de 1º, 2º, 3º, 4º e 5 º anos do Ensino Fundamental (1º e 2º ciclos).

3.1. DELIMITAÇÃO DO TEMA E OBJETIVOS

O corpo docente do Ensino Fundamental é indispensável e, como tal, deve ser adequadamente formado e capacitado, em um processo que permita absorção de técnicas didáticas e pedagógicas entre os professores, para que tenham condições de transmitir eficazmente os conteúdos curriculares para seus educandos.

O tema surgiu em meio às dificuldades encontradas durante um ano letivo na escola pública da PMVV, onde os professores não tinham condições de solucionar o problema da ministração das aulas a alunos com TDAH sem o apoio das famílias, dos médicos e da EE. Os professores que lecionam para o Ensino Fundamental possuem formação em inúmeros cursos superiores, utilizando basicamente a estrutura dos cursos de pedagogia, mas sem que tenham licenciatura específica para o acompanhamento e trabalho com o aluno portador do laudo de TDAH. Desse modo, incluir esse transtorno no escopo da PMVV daria mais assistência ao professor em sua atividade didática e de ministração de aulas.

As discussões com relação ao tema, para o Ensino Fundamental, relacionam-se com uma questão importante e que se encontra no foco de muitos pedagogos, estudiosos e dos elementos do quadro docente. Dessa forma, pretende-se analisar a questão do atendimento ao aluno com TDAH, para tentar aprimorar o atendimento, disseminar o assunto e possibilitar o tratamento e acompanhamento para melhorar a aprendizagem em sala de aula e no convívio social, conforme o objetivo geral deste estudo, qual seja: analisar as características do trabalho pedagógico de acompanhamento em sala de aula por parte do professor com os alunos com laudo médico, portadores do diagnóstico de TDAH e suas necessidades específicas.

Portanto, o tema é expressivo e contempla a análise da pesquisa: das dimensões pedagógicas do atendimento direcionado e personalizado pelo professor, ao aluno com diagnóstico de transtorno de déficit de atenção com ou sem hiperatividade (TDAH).

Nesse sentido, os **objetivos específicos** tratados aqui são:

1. identificar as causas e características do TDAH;
2. levantar o problema em percentual das escolas do Ensino Fundamental I, sobre TDAH no município de Vila Velha-ES;
3. identificar e analisar as necessidades pedagógicas dos professores quanto a trabalhar com estudantes com TDAH;
4. diagnosticar as necessidades pedagógicas dos alunos quanto ao seu trabalho e aprendizagem em sala de aula;

5. elaborar a proposta de um plano de formação de professores.

Tratamos cada objetivo com a intenção de responder aos nossos questionamentos para entendimento do tema e da concepção dos fazeres pedagógicos. Precisávamos entender o processo, bem como o tema e suas *nuances*. Então, para cada objetivo, focalizamos as respostas contidas no texto e em todo o processo. Neste trabalho de pesquisa, temos a certeza de que cada item dos objetivos foi identificado, levantado e diagnosticado como fator importante para solucionar e trazer respostas plausíveis ao trabalho escolar eficaz.

Estando problematizado o tema, é possível estabelecer soluções específicas de adequação e solução do problema escolar junto ao aluno diagnosticado com TDAH. Registre-se que os objetivos foram respondidos no contato de todo trabalho e pesquisa realizada.

OS OBJETIVOS ESPECÍFICOS E SUAS RAZÕES

1. Identificar as causas e características do TDAH.

O TDAH é um problema de ordem neurológica com alteração na função executiva do cérebro. É uma desordem do funcionamento natural do cérebro (lobo frontal) sem apresentar lesão anatômica. "O déficit de atenção é uma deficiência neurobiológica frequentemente caracterizada por níveis de desatenção, impulsividade, hiperatividade, desorganização e inabilidade social" (Wuo, 1999, p. 7).

É caracterizado por anomalias bioquímicas envolvendo a produção de dois neurotransmissores: a dopamina e a noradrenalina. A síndrome também é interpretada como condição crônica de saúde e de maior prevalência em crianças em idade escolar. É uma alteração na atenção que leva um indivíduo a ser muitas vezes dispersivo ou extremamente atento. Pelo poder de alta concentração, o "hiper" foco, surge a divergência na nomenclatura "déficit", pois linguisticamente entendemos como deficiência a diminuição. Pode ser um problema para toda a vida.

Identificar as causas é importante para que o professor regente de turma possa entender a gravidade do problema acadêmico do aluno. As características são imprescindíveis, pois nos permitem o trabalho pedagógico em sala de aula com o aluno e suas *nuances*.

O professor que disse saber e ter conhecimento sobre isso já consegue atender as necessidades aparentes desse aluno em turma. Portanto, favorece em parte a sua aprendizagem e seu futuro.

Em função dessa desordem, o comportamento do portador do TDAH nasce do que se convencionou chamar de trio de base alterada. A partir desse trio de sintomas (impulsividade, alterações da atenção e da velocidade da atividade física e mental) é que se irá desvendar todo o universo comportamental do TDAH, que muitas vezes oscila entre o universo da plenitude da criatividade e o da exaustão de um cérebro que não para nunca.

2. Levantar o problema em percentual das escolas do Ensino Fundamental I, sobre TDAH no município de Vila Velha-ES.

O problema é tão grande quanto silencioso, e a necessidade de considerar o problema e anunciar que ele existe é parte de um importante fazer pedagógico para toda a rede de educação nesse município.

Compreender o que é e o que não é TDAH consiste em ver como esse distúrbio afeta a vida das pessoas. Para isso é necessário conhecer seus sintomas e fazer uma observação detalhada e segura do caso. Levantar o problema nessa rede significa entender o caso e tomar conhecimento do que se pode fazer ou do rumo que se deve tomar. O problema e a quantidade dele precisam ser enumerados e contados, para que tenhamos conhecimento do montante a ser feito e comunicado a todos.

Torna-se necessário visar à integração do indivíduo à sociedade e ao mundo do conhecimento, capacidade de aceitar, reconhecer e respeitar as diferenças e igualdades individuais, buscando sempre o equilíbrio de condições entre os homens. Nesse processo de integração, a família representa a base e a estrutura necessária para seu desenvolvimento adequado. "Para atingir tais objetivos é fundamental a participação da família no desenvolvimento de algumas aptidões emocionais, como a confiança, a curiosidade, a intencionalidade, a persistência, o autocontrole, a comunicação e a cooperatividade [...]" (Barreto, 2005, p. 160).

Há de se considerar:

Quadro 5 – Total de amostragem

Descrição	Quantidade	Total pesquisado	Percentual
De escolas	61	11	18,03%
De professores	640	85	13,28%

Fonte: Elaborado pela autora.

3. Identificar e analisar as necessidades pedagógicas dos professores quanto a trabalhar com estudantes com TDAH.

Identificar e analisar os reflexos dos sintomas, suas implicações com a vida e o possível fracasso escolar orientado pelo contexto da vida contemporânea. Fica evidente a necessidade de enfatizar a relação do transtorno com o núcleo familiar no qual a criança portadora do TDAH está inserida e enfatizar a relação desse transtorno com o mundo acadêmico escolar.

Somente o professor em sala de aula pode nos revelar a necessidade pedagógica existente em cada momento de trabalho com o aluno portador do laudo de TDAH. O trabalho pedagógico existente na escola precisa ser evidenciado e tratado em todo o ano letivo, e buscar alternativas em relação à prática dá ao professor um caminho expressivo para chegar ao que chamamos de ideal para sua prática pedagógica.

O trabalho educacional é voltado para um trabalho intelectual com o educando, ultrapassando as possibilidades da família. O ambiente escolar é local de intensificação de relações sociais dos educandos. Eles partem do núcleo familiar para a sociedade e para a escola. Daí a busca por um caminho que os leve ao sucesso escolar. Por meio da necessidade pedagógica mostrada pelo professor, conseguiremos buscar o apoio ao seu trabalho diário, com clareza e com um caminho certo para o pensar e agir.

Muitas mudanças ocorreram na educação no decorrer das últimas décadas em virtude das novas exigências sociais. Algumas surgiram repentinamente, provocando uma desestrutura nos educadores, que precisaram mudar suas rotinas, metodologias, conteúdos, enfim, fatores que propiciaram insegurança e quebra da continuidade do processo de ensino-aprendizagem. Porém, a educação ainda enfrenta uma defasagem com relação às mudanças sociais e tecnológicas vividas atualmente. "Conferir a todos os seres humanos a liberdade de pensamento, discernimento, sentimentos e imaginação de que necessitam para desenvolver seus talentos e permanecerem, tanto quanto possível, donos de seu próprio destino" (Delors, 2003, p. 30).

Surge então a necessidade de novos paradigmas para a educação, novos rumos na esperança de recuperar o ensino, principalmente nas escolas públicas, onde as dificuldades são inúmeras: despreparo dos professores diante das mudanças educacionais, às vezes desestimulados e desinteressados, péssimas condições de trabalho, crianças envolvidas com problemáticas de ordem social, econômica, familiar e cultural, entre outros.

4. Diagnosticar as necessidades pedagógicas dos alunos quanto ao seu trabalho e aprendizagem em sala de aula.

Nicolescu (1999) interpreta esses pilares associando-os à transdisciplinaridade e objetivando oferecer caminhos para a unificação dos saberes. Em seu entendimento, aprender a conhecer significa construir pontes entre os diversos saberes para que o conhecimento adquira importância na vida cotidiana. Aprender a fazer é, sobretudo, o aprendizado da criatividade capaz de transpor os limites da especialização excessiva.

Aprender a conviver deve significar o respeito pelas normas que regem as relações entre os seres que compõem uma coletividade, porém, essas normas, antes de tudo, precisam ser compreendidas, partilhadas e validadas pela experiência interior de cada ser.

Aprender a ser é um contínuo aprendizado que se realiza na mútua disposição de aprender e ensinar por parte de educadores e educandos.

As necessidades pedagógicas desse aluno quanto ao seu aprendizado serão valiosas para agregar ao seu conhecimento o seu caminho para ser gente de bem e pessoa escolarizada. Suas necessidades pautam caminhos e só o professor, nesse momento, é capaz de dizer quais os caminhos, levando em consideração que o aluno precisa conviver, ser e possuir conhecimento para se expressar no mundo.

A sala de aula trará para o aluno a possibilidade de conviver apreendendo, e diagnosticar as necessidades de aprendizagens trazidas por ele poderá influenciar grandemente na possibilidade de atendê-lo como aluno e sujeito do seu próprio crescimento e oportunidades.

5. Elaborar a proposta de um plano de formação de professores.

Na escola, é solicitado à criança cumprir metas e seguir rotinas, executar tarefas, sendo recompensada ou punida de acordo com a eficiência com que as executa. Nesse momento, a criança ingressa num mundo novo, um momento no qual caminhará com suas próprias pernas.

Esse ambiente se apresenta ainda mais exigente para a criança que tem qualquer tipo de dificuldade de aprendizagem em função de alterações perceptivas, podendo enfrentar outras dificuldades, segundo afirma Fonseca (1995, p. 256).

Para a criança com problemas perceptivos, o aprender numa classe regular torna-se, evidentemente, bastante complicado. As suas perturbações perceptivo-visuais dificultam-lhe a compreensão de muitos dos materiais de aprendizagem. As suas dificuldades perceptivo-auditivas comprometem-lhe o apuramento de significações nas explicações e instruções do professor. As confusões que faz ao pensar levam-na a confusões de compreensão e a conclusões errôneas, que se tornam embaraçosas para si mesma e para os outros.

A escola, como um todo, ainda não está preparada para atender adequadamente alunos com necessidades diferenciadas – isso, no entanto, não significa que essas crianças estão impossibilitadas de aprender –, o mesmo ocorre com crianças portadoras de TDAH. "É importante diferenciar 'dificuldades em se adaptar ao sistema educacional' de 'impossibilidade de aprendizagem'. Muitas crianças com TDAH são muito inteligentes e se lhes dermos uma chance elas poderão ser bem-sucedidas" (Mattos, 2003, p. 99).

As direções, tempos e ritmos serão definidos pelo professor da turma, que é orientado por objetivos diferentes dos pais ou responsáveis. A criança precisa ajustar-se às regras e à estrutura de uma educação continuada, em que há cobrança de desempenho, o qual é marcado pela instabilidade do TDAH. Essa instabilidade é comum, podendo se alternar de um dia para o outro.

Faz-se necessário ressaltar que o portador de TDAH possui um distúrbio de ordem neurológica e não um distúrbio de aprendizagem. Existem meios de melhorar a convivência e estimular bons comportamentos na criança com TDAH (Silva, 2003, p. 64-70), relata uma pesquisa realizada pelo psicólogo Sam Goldstein e pelo neurologista Michael Goldstein, que concluem que o primeiro passo é o conhecimento do problema; o segundo é consequência do primeiro: saber diferenciar desobediência e inabilidade; o terceiro é saber dar ordens positivas. Por meio da instrução, a criança conseguirá estabelecer um vínculo de continuidade acadêmica e conseguirá concluir suas tarefas em seu tempo e permanência.

É necessário mostrar à criança que novas chances de acertar serão sempre dadas de bom grado e incentivá-la sempre. Deve-se explorar um universo às vezes esquecido ao se avaliar o portador de TDAH, procurando não se restringir à imagem de um cérebro em estado de dificuldades, mas tentando fazê-lo superar e conquistar o seu espaço.

Entendemos que a pedagogia de projetos é eficiente no trabalho com esses alunos e que deverá ser inserida na PMVV como apoio ao trabalho com alunos portadores de TDAH, considerando que em suas turmas há mais de um com esse laudo.

Segundo Beltrão (2012), os projetos são iniciativas diversificadas a partir do conhecimento e questionamento da realidade, o que gera o aprendizado de conceitos e de valores. A redescoberta de valores consiste em permitir ao ser humano que compreenda o complexo problema de adaptação do homem às condições de vida na Terra, de forma a tornar exequíveis ações de intervenção na realidade, com o intuito de aumentar a eficiência escolar, eliminando a pedagogia do desânimo, da descrença, da repetência, da evasão, dando lugar à pedagogia da busca, do desafio, do encontro, da esperança, do afeto, da realização, da transformação.

Os projetos devem conter: diagnósticos; objetivos; estratégias; levantamento de dados e de hipóteses práticas; e avaliação. O professor deve formalizar os seus ensinamentos, potencializando o projeto como seu apoio significativo para a aprendizagem dos alunos com TDAH.

Os projetos devem ser coerentes com os diagnósticos e objetivos, prever ações que assegurem mudanças e apresentar cronograma detalhado de atividades. Essas atividades deverão permanecer no foco do trabalho, oferecendo ao estudante um caminho para conseguir seguir e produzir conhecimento no ritmo particular da sua aprendizagem. "A escola necessita adaptar-se à realidade presente para que sobreviva. Resistência às mudanças existe e sempre existirá, entretanto, ela não pode ser responsável por perda de oportunidades" (Beltrão, 2012, p. 79).

Para a proposta de um plano de formação de professores, estes precisarão conhecer o trabalho pedagógico, que constitui fluência, princípios e controle, conseguindo com isso permanecer com foco no aprendizado e no crescimento intelectual do aluno.

A pedagogia de projetos deve ser incluída no trabalho em sala de aula, de modo criterioso, e o professor deverá ter, em média, uma semana a quinze dias de treinamento foco, na SEMED, sobre os distúrbios de aprendizagem, a cada início de ano, para favorecer o seu esclarecimento e convívio com esses alunos em sala de aula.

Quadro 6 – Proposta do plano de formação profissional

Planejamento trimestral Período anual	Descrição das atividades	Público-Alvo	Regiões
1º Trimestre do ano Do mês 02 ao mês 05	▸ Apresentação dos Resultados do Estudo à Secretaria de Educação com apresentação do Projeto de Lei que inclui o público-alvo da rede municipal de educação de Vila Velha (portadores do TDAH) no escopo de Doenças atendidas pelo Setor de EE do município; ▸ Solicitação: – de (re)estruturação de equipe multidisciplinar, com Psicopedagogos/Pedagogos/Professores (itinerantes) e Assistentes Sociais para auxílio às equipes pedagógicas e famílias das Unidades de Ensino; – de estagiários do Curso de Pedagogia para auxiliarem os professores nas salas de aula com as intervenções pedagógicas e/ou metodológicas necessárias; ▸ Encaminhamento à Câmara Municipal de Vila Velha do Projeto de Lei mencionado acima; ▸ Sugestão à Secretaria Estadual de Educação (SEDU) para as devidos encaminhamentos da Inclusão da Disciplina de Neurociências nos Cursos de Pedagogia com vistas à formação de profissionais capacitados;	Gerentes/ supervisores e/ou Coordenadores da SEMED	Não se aplica

Planejamento trimestral Período anual	Descrição das atividades	Público-Alvo	Regiões
1º Trimestre do ano Do mês 02 ao mês 05	▸ Apresentação do Setor de Educação Especial sobre: – Legislação que Inclui o TDAH no escopo de atendimento da EE; – Proposta de trabalho/atendimento para este público-alvo; – Apresentação dos Polos de Atendimentos para doenças específicas em cada Região administrativa	Pedagogos Profissionais da Educ. Especial Professores do E.F. I e II	I, II III, IV e V
2º Trimestre do ano Do mês 05 ao mês 09	▸ Formação em Serviço:[5] – Temas: Apresentação do TDAH, diferenciações, associações e combinações (conforme informações da seção 2.4 e subsequentes deste estudo); – Levantamento prévio dos supostos alunos que demandam diagnóstico médico, por Unidade de Ensino; – Demonstração por sondagem dos alunos laudados, para verificação estatística e estudo/ planejamento de Atendimento Específico.	Profissionais da Educ. Especial	I, II, III, IV e V
3º Trimestre do ano Do mês 09 ao mês 12	▸ Formação Continuada:[6] – Planejamento para criação/elaboração de estratégias e metodologias de trabalho com alunos com TDAH; – Planejamento de uma Reunião específica com as famílias[7] dos alunos com TDAH (construção da pauta). – Plano de Ação para o próximo ano letivo, com vistas ao início/continuidade do atendimento aos alunos com TDAH; – Avaliação das Ações executadas no decorrer do ano letivo, com elaboração do Plano de Ação.	Pedagogos e Profissionais da Educ. Especial	I, II, III, IV e V

Fonte: Elaborado pela autora.

A PMVV também deverá incluir no trabalho pedagógico escolar estagiários de pedagogia para cada sala de aula, para entender o processo e assessorar o professor no ajuste do conteúdo e na ministração deste aos alunos com TDAH. O professor deverá oportunizar o suporte pedagógico ao estagiário, levando em consideração o movimento cultural que deverá ser efetivado na escola e nestas salas de aulas privilegiadas. A PMVV deverá também incluir acesso ao trabalho de um neurologista infantil,

---

5 Formação em serviço – consiste nos grupos de estudo realizados na própria instituição escolar.

6 Formação Continuada – consiste em reuniões setorizadas por áreas específicas: Educação Infantil, Professores do EF I e Professores do EF II, Professores da Educação Especial.

7 Inicialmente a Reunião será para as famílias dos estudantes com TDAH e, posteriormente, com as famílias das demais Necessidades Educativas Especiais (Diversas Deficiências).

a cada trimestre letivo, para entender os passos e a funcionalidade do tratamento clínico, paralelamente aos cuidados escolares.

A proposta será de, em cada sala de aula com alunos com diagnóstico de TDAH, no ensino fundamental I, incluir um estagiário e o projeto, como mecanismo de aprendizagem e discussão dos temas de estudo. Desse modo, o professor iniciará o processo, constituirá aprendizagem e terá apoio pedagógico para formalizar a aprendizagem em sua sala e dentro do seu contexto escolar.

3.2. DESENHO

Vergara (2004) informa que as pesquisas podem ser avaliadas quanto aos fins e quanto aos meios. Esta pesquisa, com relação às suas finalidades, foi descritiva e qualitativa, porque analisou as características do trabalho dos professores do quadro docente da PMVV dentro de sala de aula com alunos com laudo de TDAH, para a compreensão de como este conhecimento, poderia contribuir para uma melhoria da qualidade do ensino dispensado aos seus alunos. O compromisso foi realizar uma explicação da doença, de suas características e do seu movimento no contexto da sala de aula.

Na verdade, de acordo com Raupp (2003), a pesquisa descritiva é relacionada como um estudo de natureza intermediária entre a pesquisa exploratória e a explicativa, isto é, não representa uma pesquisa tão inicial quando a exploratória, nem tão detalhada e profunda quanto a explicativa. Assim, o sentido de descrever está em identificar, relatar, comparar etc.

> Entre as pesquisas descritivas, salientam-se aquelas que têm por objetivo estudar as características de um grupo: sua distribuição por idade, sexo, procedência, nível de escolaridade, estado de saúde física e mental, etc. Outras pesquisas deste tipo são as que se propõem a estudar o nível de atendimento dos órgãos públicos de uma comunidade, as condições de habitação de seus habitantes, o índice de criminalidade que aí se registra, etc. São incluídas neste grupo as pesquisas que têm por objetivo levantar as opiniões, atitudes e crenças de uma população. Também são pesquisas descritivas aquelas que visam descobrir a existência de associações entre variáveis, como, por exemplo, as pesquisas eleitorais que indicam a relação entre preferência político-partidária e nível de rendimentos ou de escolaridade (Gil, 2004, p. 42).

A pesquisa tem o desenho da população escolar de escola pública, assim, o trabalho está direcionado aos professores do ensino fundamental dessa escola. O público-alvo são jovens e crianças da população pobre e que possuem família e um responsável por eles na matrícula, especificamente alunos do Ensino Fundamental I.

Ainda com relação à pesquisa qualitativa e descritiva, pretende-se entender onde o aluno está na proposta educacional como portador de TDAH na Escola e na sala de aula. Há alguns objetivos essenciais, entre eles o de proporcionar informações mais aprofundadas sobre o tema investigado; facilitar a delimitação do tema da pesquisa; direcionar ou orientar o estabelecimento dos objetivos e o desenvolvimento das hipóteses; ou mesmo encontrar uma nova espécie de enfoque sobre o tema.

Tem-se, com esta pesquisa, a análise para melhorar a convivência desses alunos no ambiente escolar, oferecendo subsídios de qualidade pedagógica para o professor e institucionalizando esse trabalho na PMVV. O material utilizado na pesquisa para embasamento e registro das declarações e opiniões foi o questionário.

De acordo com Raupp (2003), esta espécie de trabalho representa uma pesquisa descritiva não experimental, pois pode reunir informações e conhecimentos prévios com relação a um problema para o qual se busca uma resposta, ou com relação a uma hipótese que se pretende comprovar. Sendo por excelência de natureza teórica, a pesquisa descritiva e qualitativa representa um elemento obrigatório, da mesma forma que em outras modalidades de pesquisa, pois é por meio dela que é possível conhecer sobre a produção científica atual. Tal pesquisa fortaleceu a escolha dos objetivos e nos sustentou na tese da necessidade do estudo sobre esses alunos e professores por vezes vitimados por eles.

Este estudo possui como fonte de dados o próprio campo onde ocorreram os fenômenos e o trabalho docente. Nesta pesquisa em Educação, o campo refere-se aos ambientes educativos e implica a ida do pesquisador aos espaços educativos para a coleta de dados, visando à compreensão dos fenômenos que ocorrem neste espaço. A interpretação das informações apuradas permite auxiliar no desenvolvimento dos conhecimentos educacionais e na sua evolução (Tozoni, 2010).

Assim, a pesquisa de campo foi realizada nas dependências das escolas da PMVV, entre os professores que compõem seu quadro docente de ensino. Em virtude das experiências do pesquisador na docência, as quais produziram os questionamentos relacionados com os objetivos deste estudo, verificou-se ser recomendável realizar a pesquisa nessa PMVV. Assim, resumidamente, foi uma pesquisa de cunho exploratório e descritivo.

3.3. O CONTEXTO DA INVESTIGAÇÃO: POPULAÇÃO, AMOSTRA E AMOSTRAGEM

3.3.1. A CIDADE DE VILA VELHA NO ESPÍRITO SANTO BRASIL, ESCOPO DESTA PESQUISA

Figura 1 – Foto aérea do município de Vila Velha-ES, nossa cidade da pesquisa

Fonte: Skyscrapercity, 2015.

No ano de 1535, Vasco Fernandes Coutinho desembarcou no Brasil para tomar posse da capitania recebida de Portugal. Começava aí a história da cidade de Vila Velha, a primeira cidade do Espírito Santo. Algum tempo depois, os constantes ataques indígenas forçaram os moradores da vila a refugiarem-se em uma ilha (futuramente a cidade de Vitória). Assim, a vila foi sede da capitania até por volta de 1550, quando foi transferida para Vitória e o município passou a ter o nome atual. Por ser a cidade mais antiga do Estado, possui construções do século XVI, como o Convento da Penha e a Igreja do Rosário; do século XVII, o Forte de São Francisco Xavier; e, do século XIX, o Farol de Santa Luzia. No dia 23 de maio de 1535, a caravela Glória lançava âncoras em uma pequena enseada em Vila Velha, hoje denominada Prainha, localizada entre os morros da Penha e do Inhoá.

Faziam parte da tripulação, além do donatário da capitania, cerca de sessenta homens, entre fidalgos, nobres, colonos distintos e outros. Vila Velha foi chamada inicialmente de "Vila do Espírito Santo", em decorrência da data em que nela chegou o donatário da capitania – era domingo, dia em que a Igreja Católica celebrava a Terceira Pessoa da Santíssima Trindade, razão pela qual o donatário batizou toda a capitania com o nome de Espírito Santo.

Hoje, nessa data, comemora-se a Colonização do Solo Espírito-santense com desfiles militares em Vila Velha, para onde se transfere, nesse dia, a sede do governo do Estado. A partir de 1550, com a mudança da sede da capitania para a ilha de Vitória (atual capital do Estado do Espírito Santo), a Vila do Espírito Santo passou a se chamar "Vila Velha do Espírito Santo" e a ilha de Vitória, "Vila Nova de Nossa Senhora da Vitória". Somente no ano de 1958 o município foi oficialmente reconhecido como Vila Velha. Hoje, o município é constituído por cinco distritos: Centro, Argolas, Ibes, São Torquato e Jucu. Para se ter ideia da economia do município, ainda em 1550, devido à criação de acordos comerciais com Portugal e Angola, foi aberto um armazém alfandegado em Vila Velha, daí começaram os primeiros traços da economia do Estado.

De acordo com os especialistas, a economia do Espírito Santo surgiu com forte presença da agricultura, item que permaneceu como grande sustentáculo das divisas capixabas até o século XX. Atualmente, a capital histórica do Estado possui um mercado imobiliário forte, um consolidado polo de confecção e cresce vertiginosamente no setor de comércio exterior, com seus terminais portuários. Cerca de 90% das mercadorias que são escoadas pelo Espírito Santo passam pela cidade. Todo esse histórico de Vila Velha, que se confunde com a própria história do Brasil, fez com que a cidade apresente, além de bons índices econômicos, inúmeras belezas naturais e monumentos centenários. Nesse último grupo, um dos mais belos cartões postais da cidade, e até mesmo do Estado, é o Convento Nossa Senhora da Penha, considerado um patrimônio histórico e religioso, símbolo de devoção a Nossa Senhora da Penha, além de ser um dos importantes pontos turísticos do município. Conta a história que, quando o Frei Francisco Pedro Palácios, fundador do Convento, chegou a Vila Velha, trazia consigo um painel de Nossa Senhora com o Menino Jesus no colo. O Frei, por ser seguidor da ordem de São Francisco, abrigou-se na gruta conhecida atualmente como Gruta do Frei Pedro Palácios. Segundo conta a lenda, o painel de Nossa Senhora desapareceu por três vezes consecutivas e foi reencontrado no alto de um penhasco (a 154 metros), entre duas palmeiras, numa região compreendida entre o Morro do Moreno e a Enseada da Praia.

Exatamente naquele ponto, por volta de 1560, o frei dedicou-se à construção de uma capela, que ficou conhecida como "Ermida das Palmeiras". Quase um século mais tarde, em 1651, o filho do donatário Vasco Coutinho decidiu fazer a primeira modificação no local, que resultou na edificação do Convento Nossa Senhora da Penha – uma das mais belas construções do Brasil Colonial. Atualmente, em função desse acontecimento, todo ano, oito dias após a Páscoa, fiéis de todo o país se dirigem ao Convento para celebrar a Festa da Penha.

Já a riqueza cultural do município é evidenciada por manifestações da cultura popular brasileira, como as Bandas de Congo, que, cumprindo a tradição e o legado cultural deixado pelos seus descendentes, com muito amor e originalidade mantêm a "Festa de São Benedito".

O território hoje pertence ao município que era habitado originalmente pelos índios goitacás e tupiniquins.

Há controvérsias em torno das viagens de Fernandes Coutinho à Metrópole. Em 1549, de regresso ao Brasil, encontrou a Capitania em completo desmando; os tupiniquins, aliados aos goitacás, haviam entrado em luta contra os povoadores, queimando engenhos e fazendas e matando Jorge Menezes e seu substituto, Simão Castelo Branco. Em busca de refúgio, alguns colonizadores mudaram-se para a ilha de Duarte Lemos e para as capitanias vizinhas.

Na ilha, a povoação passou a ser chamada de Vila Nova, ao passo que no continente, no correr dos tempos, o núcleo primitivo se tornava conhecido como Vila Velha. Os goitacás tornaram a atacar. Em 1551, em face das inúmeras dificuldades, o donatário transferiu a sede do governo para a ilha de Vitória, que recebeu o nome de Vila Nova do Espírito Santo, mais tarde de Nossa Senhora da Vitória.

No que diz respeito à formação administrativa, a freguesia foi criada com a denominação de Vila Velha, em 1750, e elevada à categoria de vila com a denominação de Vila Velha pela Lei Estadual nº 212, de 30.11.1896. Em divisão administrativa referente ao ano de 1911, o município é constituído como distrito sede.

Pelo Decreto Estadual nº 1.102, de 27.04.1931, foi extinto o município de Vila Velha, sendo seu território anexado ao município de Vitória, voltando à condição de distrito. Em divisão administrativa referente ao ano de 1933, o distrito de Vila Velha figura no município de Vitória.

Pelo Decreto nº 5.041, de 11.07.1934, o município foi restabelecido com a denominação de Espírito Santo; pelo Decreto-lei estadual nº 15.177, de 31.12.1943, o município de Espírito Santo foi extinto, sendo seu território rebaixado à condição de distrito e passando a denominar-se Espírito Santo de Vitória. Sob o mesmo decreto adquiriu os distritos de Argolas e Jucu do extinto município do Espírito Santo. Por ato das disposições transitórias, promulgadas em 26.07.1947, o município de Espírito Santo foi restabelecido.

Com 424.948 habitantes, Vila Velha é a cidade mais populosa do Espírito Santo, segundo estimativa feita pelo Instituto Brasileiro de Geografia e Estatística (IBGE). Em seguida está Serra com 422.569 moradores, Cariacica com 352.431, Vitória com 333.162 e Cachoeiro de Itapemirim, na região Centro-Sul do estado, com 192.156 habitantes.

De acordo com o IBGE, no total, o Espírito Santo tem 3.578.067 habitantes. O Brasil tem uma população de 193.946.886 moradores.

Segundo o IBGE, o País possui atualmente 3.191.087 a mais do que em 2010, quando a população chegou a 190.755.799. A estimativa foi feita com base na que foi elaborada em 2011 e também no Censo Demográfico de 2010. Como os dados do Censo 2010 ainda não foram totalmente trabalhados, não foi possível atualizar o Sistema de Projeções da População do Brasil, que atualmente tem dados de 2008. Ele será atualizado no próximo ano, com dados de referência para 2013.

A projeção é feita anualmente a pedido do Tribunal de Contas da União (TCU) e é usada como base para o repasse de recursos do orçamento.

Quadro 7 – Informações técnicas do Município de Vila Velha-ES

População estimada em 2015	472.762.000
População em 2010	414.586.000
Área da unidade territorial	209,965km²
Densidade demográfica (Hab/km²)	1.973,59
Código do Munícipio	32.05.200
Gentílico	Vilavelhense
Prefeito	Rodney Rocha Miranda

Fonte: Elaborado pela autora a partir de dados disponíveis em: <http://www.cptec.inpe.br>.

A pesquisa teve a intenção de evidenciar a problemática do trabalho pedagógico com alunos com laudo médico com TDAH, em Vila Velha, localizada no Estado do Espírito Santo, partindo de uma pesquisa qualitativa e descritiva, tendo como base a Escola Pública de Ensino Fundamental. Entendeu-se que o universo a ser investigado seria composto de 11 escolas de populações distintas e 85 Professores da PMVV. As escolas foram as seguintes:

- Edson Tavares de Souza
- Deolindo Perim
- Antonio Pinto Rodrigues
- Governador Cristiano Dias Lopes Filho
- Professora Raymunda de Mendonça
- Senador João de Medeiros Calmon (TI)
- Deputado Mikeil Chequer
- Izaltina Almeida Fernandes
- Pedro Herkenhoff
- Professor Paulo Cesar Vinha
- Cecília Marchesi Pavesi

Quadro 8 – População e amostra pesquisada

População total	Amostra pesquisada	Percentual
61 escolas de ensino fundamental I	11 escolas pesquisadas	18% das escolas municipais de Vila Velha
640 professores do Ensino Fundamental I	85 professores	13% dos professores do Ensino Fundamental I

Fonte: Elaborado pela autora.

Participaram desta pesquisa 11 escolas como amostra, do município de Vila Velha ES, que autorizou a pesquisa por meio da Secretaria de Educação do Município (SEMED), Setor de Estágio, sendo a pesquisa foi aplicada em várias regiões da cidade e respondida por uma população de 85 professores que aceitaram participar dela. Essas escolas elencadas foram as que aceitaram participar da pesquisa dando suas opiniões e respondendo aos questionários. O município de Vila Velha possui 61 escolas do Ensino Fundamental I e 11 escolas fazem parte do nosso universo de pesquisa.

3.4. TÉCNICAS E INSTRUMENTOS DE COLETA DE DADOS

Convém esclarecer que o marco metodológico segue o modelo proposto por alguns autores, dentre os quais destacam-se André (2004), Gatti (2002), Moscovici (1978), Wuo (1999), Barreto (2005), Delors (2003), Nicolescu (1999), Fonseca (1995), Silva (2003), Mattos (2003), Beltrão (2012), quanto ao tipo de pesquisa descritiva e exploratória que foi realizada. Tais abordagens permitiram-nos alcançar gradativamente os objetivos propostos sobre a problemática do trabalho pedagógico com alunos com TDAH, bem como obter as respostas às perguntas especificadas anteriormente, mediante observação e aplicação de questionário. Para elucidar os outros tipos de pesquisas, exponho o assunto a seguir, em breve resumo, de modo a explicar e dialogar com cada um dos tipos existentes.

3.4.1. PESQUISA DESCRITIVA

De acordo com Triviños (1987), este tipo de pesquisa descreve os fatos e fenômenos de determinada realidade, o que demanda a investigação de uma série de informações sobre a temática em questão. Em vigor neste estudo.

3.4.2. PESQUISA BIBLIOGRÁFICA

Quanto ao aspecto da pesquisa bibliográfica, Gil (2010, p. 29) diz que "[...] tradicionalmente, esta modalidade de pesquisa inclui material impresso como livros, revistas, jornais, teses, dissertações e anais de eventos científicos", ou seja, material já publicado por meios escritos e eletrônicos. Neste estudo, a riqueza de referencial bibliográfico relacionada à temática é marcante, o que muito contribui para o embasamento teórico, partindo dos antecedentes históricos e alcançando a contemporaneidade dos fatos.

3.4.3. PESQUISA DOCUMENTAL

Apesar de trilhar caminhos semelhantes aos da pesquisa bibliográfica, a pesquisa documental, conforme o próprio nome designa, refere-se aos documentos relacionados à temática, fundamenta-se em materiais oficiais organizados (Gil, 2010). Contudo, essas fontes são diversificadas e dispersas, e não receberam tratamento analítico, tais como: tabelas estatísticas, jornais, revistas, relatórios, documentos oficiais, cartas, filmes, fotografias, pinturas, tapeçarias, relatórios de empresas, vídeos de programas de televisão etc. (Fonseca, 2002, p. 32).

3.4.4. PESQUISA DE CAMPO

Este tipo de pesquisa caracteriza-se pelas investigações em que, além da pesquisa bibliográfica e/ou documental, se realiza coleta de dados junto a pessoas, com o recurso de diferentes tipos de instrumentos (Fonseca, 2002).

3.4.5. PESQUISA QUALITATIVA

A pesquisa qualitativa, segundo Godoy (1995, p. 51), deve

> [...] considerar o ambiente como fonte direta dos dados e o pesquisador como instrumento chave; possuir caráter descritivo; o processo é o foco principal de abordagem e não o resultado ou o produto; a análise dos dados realizada de forma intuitiva e indutivamente pelo pesquisador; [...] e, por fim, tem como preocupação maior a interpretação de fenômenos e a atribuição de resultados.

E, ainda, de acordo com Gil (1994, p. 117):

> A pesquisa qualitativa envolve a obtenção de dados descritivos sobre pessoas, lugares e processos interativos pelo contato direto do pesquisador com a situação estudada, procurando compreender os fenômenos segundo a perspectiva dos sujeitos, ou seja, dos participantes da situação em estudo.

Este estudo investigativo contempla especificamente um dos principais aspectos de uma pesquisa qualitativa: o preocupar-se com o aprofundamento da compreensão de um grupo social. Segundo Minayo (2001), a pesquisa qualitativa trabalha com o universo de significados, motivos, aspirações, crenças, valores e atitudes, o que corresponde a um espaço mais profundo das relações, dos processos e dos fenômenos que não podem ser reduzidos à operacionalização de variáveis.

3.4.6. PESQUISA EXPLORATÓRIA

A pesquisa exploratória investiga um tema sobre o qual há pouco conhecimento, como a análise da formação docente em educação especial em TDAH, destinada ao ensino fundamental (Vergara, 2004), em vigor neste estudo.

3.4.7. PESQUISA QUANTITATIVA

A pesquisa quantitativa analisa os dados numéricos por meio de procedimentos estatísticos e utiliza procedimentos estruturados e instrumentos formais para coleta de dados, conforme salienta (Fonseca, 2002, p. 20):

> Diferentemente da pesquisa qualitativa, os resultados da pesquisa quantitativa podem ser quantificados. [...]. A pesquisa quantitativa se centra na objetividade. [...]. A pesquisa quantitativa recorre à linguagem matemática para descrever as causas de um fenômeno, as relações entre variáveis, etc.

A investigação deste estudo utilizou o conjunto das pesquisas qualitativa e quantitativa, o que permitiu recolher mais informações do que se poderia conseguir isoladamente.

3.4.8. TÉCNICAS UTILIZADAS NA INVESTIGAÇÃO

Tendo discorrido sobre a questão da pesquisa *in loco* e metodologia utilizada, necessário descrever como foram realizadas as questões de investigação (que ocorreram mediante pesquisa por questionário). O questionário foi utilizado para facilitar o contato com o professor e o modo de solicitar a informação, bem como padronizar o formato das perguntas, para que todos entendessem da mesma forma, objetivando o conceito da pesquisa e facilitando o contexto da resposta. Demonstram-se, portanto, as orientações metodológicas e um conjunto de alternativas metodológicas aplicadas na operacionalização da pesquisa. A partir da pesquisa exploratória, com o questionário, investigamos as representações sociais dos educadores sobre o TDAH, visando, a partir delas, analisar as implicações teórico-práticas mediante o diagnóstico médico trazido à escola.

Entende-se por procedimentos de coleta de dados os processos ou métodos utilizados no estudo. Assim posto, esclarece-se que, mediante contato com o setor responsável pela autorização para a pesquisa, a execução das etapas de planejamento, elaboração e coleta de dados foi viável. Após as devidas providências de autorizações e assinatura dos Termos de Autorização e Considerações dos Aspectos Éticos, a investigação no local foi realizada, conforme cronograma pré-agendado.

Mediante o exposto, desenvolveu-se a pesquisa exploratória e descritiva incluindo a aplicação do questionário e o encontro com os professores das diversas escolas da PMVV.

A atuação da pesquisa foi consolidada nas regiões: I, II, III, IV e V da cidade de Vila Velha no Espírito Santo, com professores que trabalham com o montante aproximado de mais de 10.000 alunos nos turnos matutino e vespertino.

O número de professores (aproximado) atuantes no Ensino Fundamental I da rede municipal de Vila Velha-ES, à época da pesquisa, era de 640 profissionais, segundo a Secretaria Municipal de Educação. A pesquisa alcançou o equivalente a 13,28% dos professores.

Visitamos as escolas municipais e durante a visita nos apresentamos, explicamos a nossa pesquisa e aplicamos aos professores, no intervalo das aulas, o questionário aqui referido.

3.4.8.1. QUESTIONÁRIO

O questionário foi organizado de forma que atendesse:

- aos objetivos propostos;
- às populações pesquisadas;
- ao trabalho de investigação.

O questionário pautou-se em 15 questões, sendo 01 questão aberta e 14 questões fechadas. Uma questão específica, a de número 15, avaliava o grau de satisfação dos entrevistados quanto a sua opinião, o que deu margem para que os entrevistados justificassem sua indicação e possibilitou a tabulação dos dados em categorias de respostas, mediante o que fora respondido.

O questionário estruturou-se apresentando a que população se destinava. Direcionado aos professores, buscou identificar, inicialmente, qual a formação acadêmica destes e em que áreas de conhecimento se deu. A ideia que nos levou a este questionamento buscou responder a um dos objetivos propostos neste espaço metodológico, assim, tendeu-se a organizar questões que respondessem aos objetivos propostos a esta população pesquisada e que nos possibilitassem levantar dados que respondessem às dúvidas da pesquisa como um todo. O questionário foi validado por Professores Doutores Especialistas para a aplicação.

Segundo Gil (1999), questionário é a técnica de investigação composta por um número específico de questões, com vistas ao conhecimento das opiniões, interesses, expectativas, situações vivenciadas etc. O questionário possui questões de caráter social e informativo com temas relacionados ao estudo, que, por sua vez, servirão de modelo orientador para as observações.

Na pesquisa, existiram duas fases específicas:

- Fase de aplicação dos questionários

Nesse momento do trabalho diagnóstico, foram aplicados os questionários às populações da amostra, composta por professores das turmas do Ensino Fundamental dos turnos matutino e vespertino. Os dados recolhidos foram utilizados como base de trabalho para adornar índices diagnósticos do problema científico investigado.

- Fase pós-aplicação

Nessa etapa do trabalho, lançou-se mão dos recursos computacionais, para facilitar a tabulação de dados e apresentação dos que foram colhidos na fase de aplicação dos questionários. Nessa fase, pudemos observar a realidade das escolas e a relação entre os professores e os alunos com TDAH.

3.4.8.2. OBSERVAÇÃO

De acordo com Cervo et al. (2007), a observação é de suma importância nas ciências, e seu valor excede à simples conjectura e adivinhação, oferecendo seriedade, veracidade, confiabilidade e precisão aos estudos.

Segundo Batista (1977) e Batista e Matos (1984), apenas parar e observar não é o suficiente, é necessário que o observador seja preciso e tenha atenção nos fatos conforme aconteçam, fazendo os devidos registros (escritos ou fotográficos). Isto é, a observação deve ser: atenta; exata e completa; precisa; sucessiva e metódica (Cervo et al., 2007, p. 32).

A interpretação dos dados levantados requer uma análise e discussão dos resultados que conduza a atender os objetivos da pesquisa e comparar, confrontar dados e provas, visando confirmar ou refutar as hipóteses levantadas ou pressupostos da pesquisa a que se propôs efetivar.

> A pesquisa quantitativa caracteriza-se pelo uso da quantificação na coleta e no tratamento das informações por meio de técnicas estatísticas. Ela tem o intuito de garantir resultados e evitar distorções de análise e de interpretação, traduzindo em números as informações analisadas e dados coletados (Reis, 2008, p. 58).

Nesse contexto, acredita-se que as técnicas apresentadas possibilitam atingir os objetivos propostos de recolher dados qualitativos e quantitativos que propiciarão as devidas respostas para as dúvidas levantadas para a fase deste estudo.

Quanto ao cronograma, a pesquisa a que este trabalho se propôs fez um levantamento de dados de 2016, durante os seis meses iniciais desse ano, conforme autorização da PMVV. Para tanto, estruturou-se um cronograma que possibilitou as ações de forma sincronizada, respeitando-se os prazos estabelecidos para a efetivação das tarefas e a concretude do trabalho. Diante do exposto, pretendeu-se seguir o cronograma traçado por conta da acessibilidade e devido aos dias letivos e de trabalho efetivo desses professores em relação ao problema levantado. Preferimos estar no auge do ano e durante o trabalho ministrado em sala de aula pelos professores regentes e atores da pesquisa.

4

COLETA DE DADOS

O município de Vila Velha utiliza o sistema de Regiões Administrativas, desenvolvido pela Secretaria Municipal de Planejamento, Orçamento e Gestão (SEMPLA), que obedece ao que prescreve a Lei Municipal nº 4.707, de 10 de setembro de 2008. O objetivo dessa divisão é facilitar a administração publica quanto à gestão, implementação e coordenação dos Programas/Projetos e/ou Atividades públicas destinados aos bairros especificados conforme as cinco regiões.

No presente estudo, pesquisamos, em média, duas escolas nas cinco regiões administrativas e, conforme os resultados, salienta-se que:

- Na Região I – a maioria dos professores tem idade entre 40 e 50 anos, com mais de 5 anos de serviço, a maioria de formação acadêmica com pós-graduação. A média de alunos por sala ultrapassa os 25 alunos, incluindo 62%, ou seja 8 alunos, em média, que apresentam dificuldades de aprendizagem;
- Região II – Professores com idade entre 40 e 50 anos, com 15 anos, em média, de experiência e todos com pós-graduação. A média de alunos por sala é de 25 a 30 crianças/adolescentes, e o percentual de alunos que apresentam algum problema de aprendizagem aproxima-se de 40% (equivalente a 8 alunos em média);
- Regiões III e IV – Professores com tempo de experiência que varia de 15 a 25 anos, com pós-graduação e idade que varia dos 30 aos 50 anos. Nessa região, a média de alunos com dificuldades de aprendizagem chega a 32% (8 alunos por turma), nas turmas com até 30 alunos;
- Região V – Professores um tanto mais velhos e experientes, com idade média de 50 anos e mais de 20 anos de experiência profissional. Como nessa região há menos escolas, as salas, consequentemente, são mais cheias (com até 35 alunos) e destes 30% apresentam problema de aprendizagem (cerca de 10 alunos).

Pode-se inferir que, nas escolas das regiões I e II, a maioria dos professores tem entre 40 e 50 anos, mais de 10 anos de experiência e as salas de aula têm aproximadamente 25 alunos, sendo que destes 30%

apresentam problemas de aprendizagem. São professores que planejam atividades diversificadas e percebem a necessidade de apoio técnico pedagógico e familiar, para desenvolver um processo de ensino e aprendizagem satisfatório, principalmente com os alunos com problemas de aprendizagem.[8]

As regiões II e III diferem das demais: os professores são mais jovens, com idade dos 30 aos 40 anos e com 15 anos ou menos de experiência profissional. As salas de aula têm, em média, 25 alunos, com 32% que apresentam dificuldade de aprendizagem. A maioria conhece a temática do TDA com ou sem hiperatividade, mas não sabe promover atenção específica para este aluno e reconhece que precisa de ajuda, a qual classifica como apoio importante, por demandar atitudes diferenciadas e conhecimentos específicos.

As escolas da região V têm salas de aula mais cheias, com média de 35 alunos, sendo que 30% destes apresentam problema de aprendizagem. Os professores são experientes, com mais de 15 anos de magistério, conhecedores do TDA com ou sem hiperatividade e já trabalharam com este tipo de aluno, contudo, responderam que não sabem promover atenção específica. Nesse caso, reconhecem que precisam de apoio necessário, tanto do tipo apoio técnico-pedagógico, quanto de familiar e de professor especialista.

Ressalta-se que a maioria dos pesquisados, independentemente da região, não concorda com a posição da Prefeitura Municipal de Vila Velha (ES) – que preconiza que o aluno possuidor de laudo de TDA, com ou sem hiperatividade, não tem atendimento educacional especializado nas escolas –, respondendo que a partir de treinamento específico poderiam fazer um trabalho pedagógico e direcionado com esses alunos em sala de aula. Inclui-se nesse arcabouço a necessidade de apoio constante, perpassando pelo apoio técnico-pedagógico, de professor especialista, apoio familiar e até medicamentoso ou clínico.

8 Que pode ou não ser possuidor de Laudo de Transtorno de Déficit de Atenção com ou sem hiperatividade.

5

RESULTADOS DA PESQUISA

O embasamento teórico deste estudo compreende interpretações de diversos autores e pesquisadores que descreveram o TDAH teórica e operacionalmente, associadas ao contexto educacional. Essa fundamentação proporciona condições de compreensão e reflexão sobre as situações das unidades escolares municipais, conforme a temática central.

O enfoque da investigação foi descritivo e exploratório, com auxílio de técnicas qualitativas. Convém lembrar que o alcance do estudo se deu com 11 onze escolas do município que nos ofereceram o espaço para a pesquisa, número expressivo na área educacional, conforme já mencionado, representando 13,28% do total de professores do EFI, tornando a pesquisa viável e significativa devido à abrangência e ao enfoque.

Foram analisados todos os dados coletados – numa releitura interpretativa –, categorizados e transcritos mediante as explicações dissertativas, demonstradas nos quadros e gráficos a seguir.

- **Categoria 1: identifica os problemas de aprendizagem**

O ser humano é marcado pelos contatos que manteve com o consciente e o inconsciente das pessoas que viveram e vivem à sua volta.

Na educação, deve-se preocupar o tempo todo em sustentar sempre o desejo do novo e, em contrapartida, não satisfazer os desejos, que, tão logo satisfeitos, se renovam, com mais intensidade. Por isso, deve-se conscientizar os educandos de que o ser humano não deve estagnar. Pode-se contar com um fator facilitador que caracteriza um TDAH, pois a maior parte desses alunos tem fascínio em buscar novos e fortes estímulos.

Quando os professores responderam essa pergunta, a maioria disse que às vezes conseguia identificar, mas a menor parte dessa população disse que não, pois, na realidade da PMVV, alguns casos são expressivos e outros nem tanto. Os problemas com o TDAH não são identificados adequadamente e, mesmo que fossem, não contemplam direito a atendimento e/ou trabalho pedagógico diferenciado. Portanto, não podemos relevar a importância de identificar clinicamente o transtorno para que possa ser tratado e trabalhado em sala de aula.

O professor deve sempre trabalhar com serenidade e verdade de sentimentos, para que possa ser honesto com os alunos e consigo mesmo. É necessário repensar a condição atual da educação e as condições especiais com as quais o professor se depara e deve saber se portar para sempre alavancar seus alunos em busca do aprendizado.

Constata-se aqui que, para efetivação do trabalho pedagógico, o aluno não é notado com a segurança de um entendimento sobre o assunto, características e mistificação. Reparamos então que, supostamente, são identificados e, se erroneamente for percebido, há discussão pelo despreparo e necessidade de ajuda para esse diagnóstico e conhecimento sobre o assunto.

Mediante o exposto, sugere-se observar algumas dicas para os professores/familiares no atendimento ao aluno com laudo de TDA: estabelecer rotinas; criar regras da sala de aula; usar agenda casa-escola; sentar na frente na sala de aula; dar as matérias mais difíceis e complexas no início da aula; solicitar auxílio desse aluno/filho constantemente; fazer pausas regulares; solicitar uma atividade de cada vez; ensinar técnicas de organização e estudo; oferecer "tempo-extra" para responder às perguntas; questionar sobre dúvidas em sala de aula; estimular e elogiar constantemente; premiar o bom comportamento; contextualizar as aulas; ser simpático; dividir os trabalhos por partes; agendar e listar as atividades diárias; fazer leituras sobre os transtornos comportamentais; ser assertivo; estar alerta e antecipar os problemas; fazer contato visual; utilizar a internet e recursos tecnológicos; estimular a prática de esportes, dentre outras ações positivas (Peres, 2014, p. 26).

Gráfico 1 – Identifica e sabe lidar – UMEF Edson Tavares de Souza

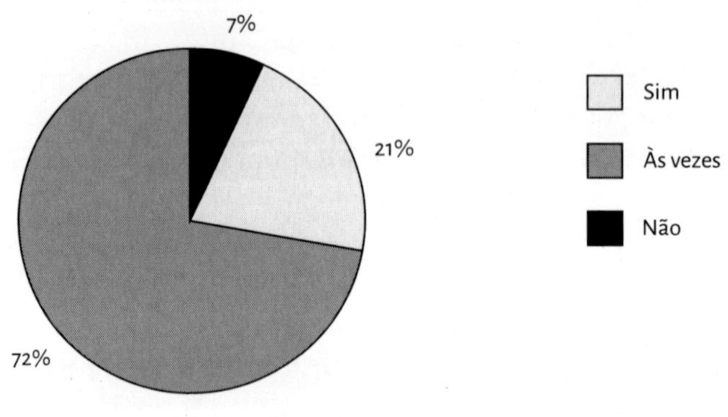

Fonte: Elaborado pela autora.

Gráfico 2 – Identifica e sabe lidar – UMEF Prof. Paulo César Vinha

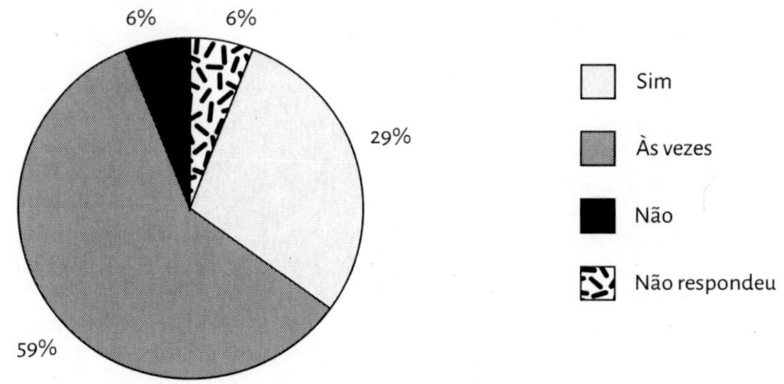

Fonte: Elaborado pela autora.

Gráfico 3 – Identifica e sabe lidar – UMEF Senador João de Medeiros Calmon

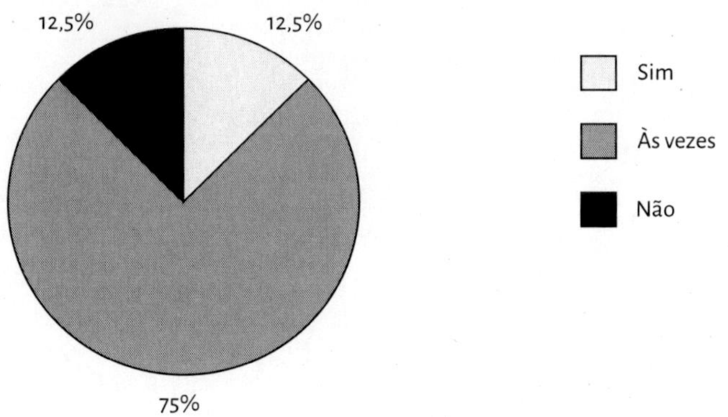

Fonte: Elaborado pela autora.

Gráfico 4 – Identifica e sabe lidar – UMEF Dep. Mikeil Chequer

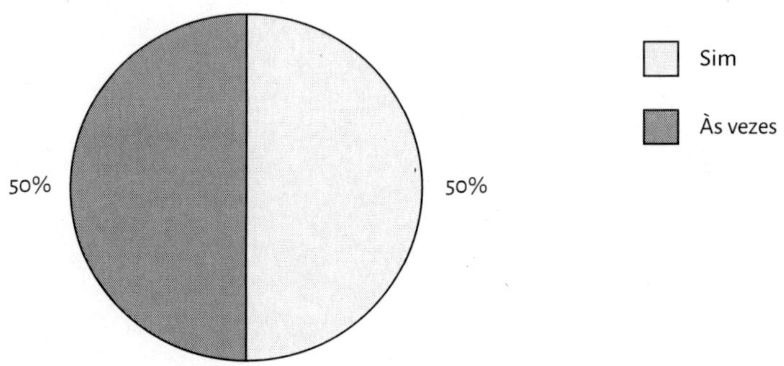

Fonte: Elaborado pela autora.

Gráfico 5 – Identifica e sabe lidar – UMEF Pedro Herkenhoff

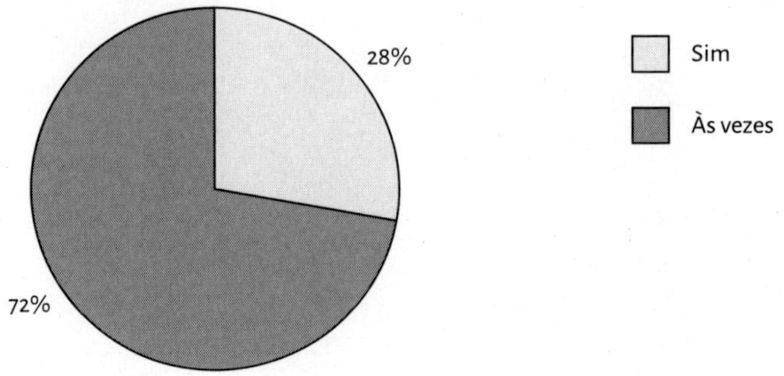

Fonte: Elaborado pela autora.

Gráfico 6 – Identifica e sabe lidar – UMEF Prof. Raymunda de Mendonça

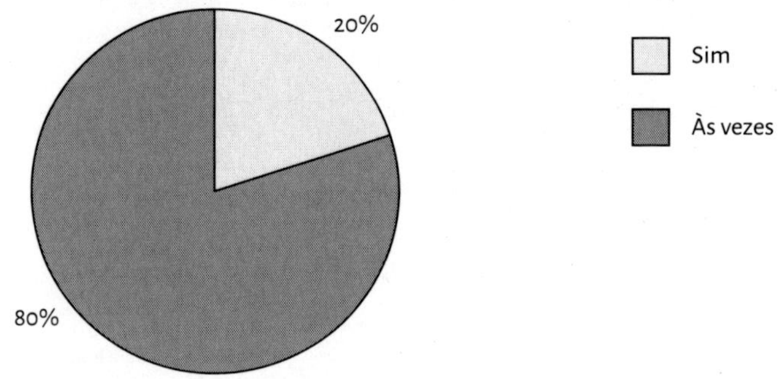

Fonte: Elaborado pela autora.

Gráfico 7 – Identifica – UMEF Izaltina Almeida Fernandes

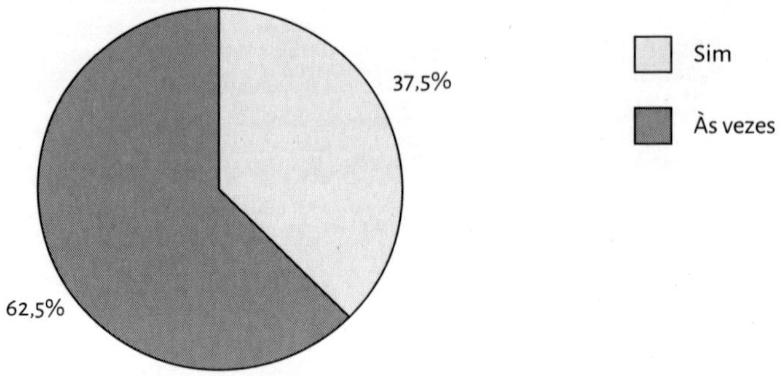

Fonte: Elaborado pela autora.

Gráfico 8 – Identifica – UMEF Governador Cristiano Dias Lopes Filho

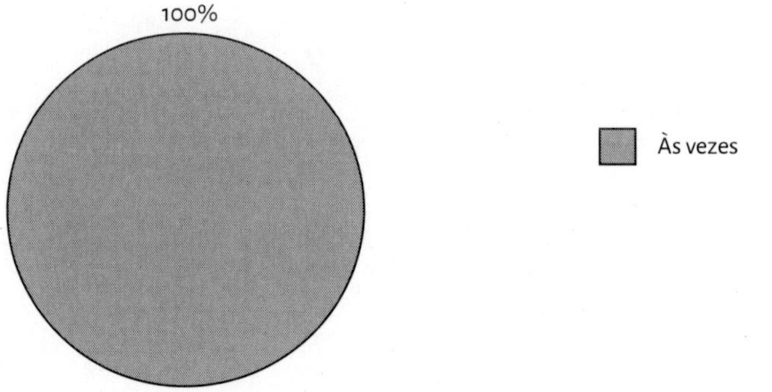

Fonte: Elaborado pela autora.

Gráfico 9 – Identifica – UMEF Antonio Pinto Rodrigues

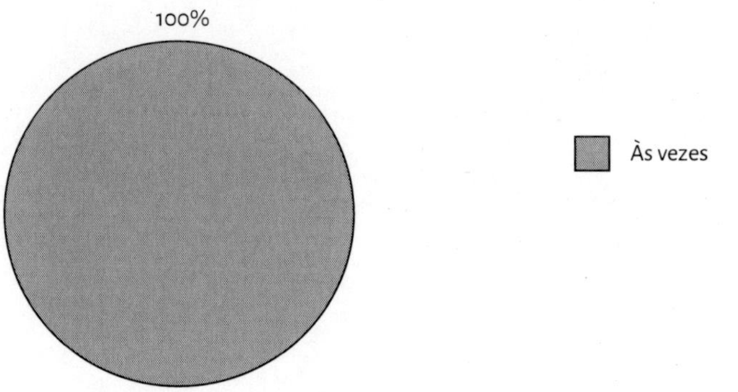

Fonte: Elaborado pela autora.

Gráfico 10 – Identifica e sabe lidar – UMEF Cecília Marchesi Pavesi

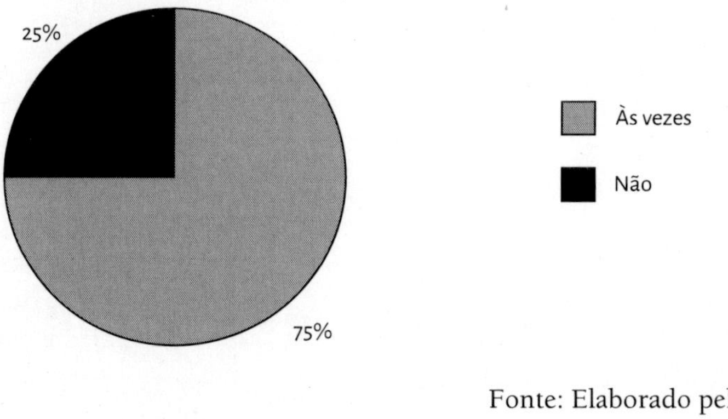

Fonte: Elaborado pela autora.

Gráfico 11 – Identifica – UMEF Deolindo Perim

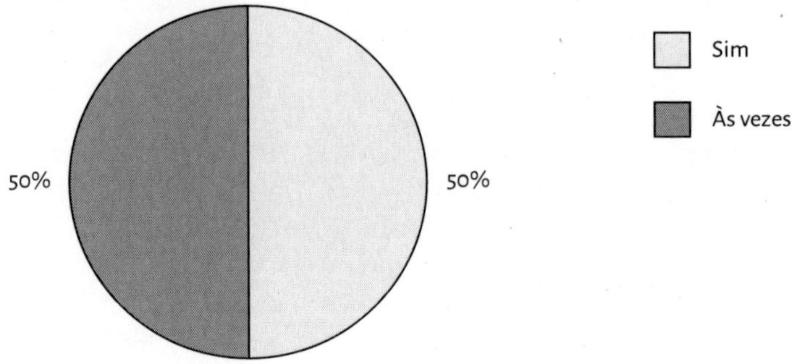

Fonte: Elaborado pela autora.

Gráfico 12 – Identificam os problemas de aprendizagem – total de escolas

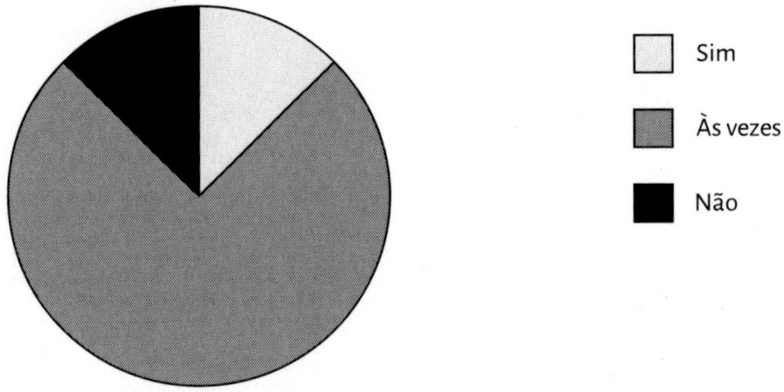

Fonte: Elaborado pela autora.

Observações sobre a Categoria 1:

- Da questão 5 da pesquisa: "Consegue lidar com facilidade com problemas de aprendizagens que surgem no cotidiano da sala de aula?" Foram associadas às opções de respostas B e D, em que as respostas seriam às vezes e em algumas situações, e às opções C e D, cujas respostas seriam não e nunca, por considerá-las semelhantes.
- Sobre a questão 6 da pesquisa: "Em relação aos problemas com a aprendizagem dos alunos, consegue identificar quando um problema não é só de aprendizagem?" Foram associadas às opções B e D, cujas respostas seriam às vezes e em algumas situações, e às alternativas A e C, em que as respostas seriam sim e sempre, por considerá-las semelhantes.

O professor, portanto, necessita saber sobre as Dificuldades de Aprendizagem, bem como também precisa compreender todo o processo, pois, conforme Strick e Smith (2001) afirmam, há muitas experiências de pesquisas que indicam que um ambiente estimulante e encorajador em casa produzem estudantes adaptáveis e dispostos a aprender, mesmo entre crianças cuja saúde e/ou inteligência foram comprometidas de alguma maneira. Quanto ao ambiente escolar, as autoras mencionam que as crianças não devem apenas estar prontas, sendo capazes de aprender, mas também ter oportunidades apropriadas de aprendizagens, pois a ausência de tais aprendizagens resulta no não desenvolvimento das capacidades, mesmo não havendo comprometimento físico e/ou mental.

- **Categoria 2: sabe lidar com os problemas de aprendizagem**

Para que a aprendizagem ocorra em qualquer âmbito ou situação, é necessário que haja concentração, atenção e memória. O trabalho conjunto dessas três bases irá propiciar uma aprendizagem adequada e eficaz. "A atenção compreende uma organização interna e externa de estímulos, organização essa indispensável à aprendizagem, caso contrário as mensagens sensoriais são recebidas, mas não integradas" (Fonseca, 1995, p. 254).

Concentração é a capacidade em focar determinado assunto, ou seja, aumentar a atenção, e está intimamente ligada à nossa consciência. Existe relação entre concentração-atenção e memória. A memória, no sentido limitado, pode ser entendida como a soma de todas as lembranças existentes na consciência, bem como as aptidões que determinam a extensão e a precisão dessas lembranças. De forma geral, ela necessita de duas funções fundamentais: a fixação – que é a função responsável pelo acréscimo de novas lembranças à consciência – e a reprodução – pela qual as lembranças são revividas e disponíveis livremente na consciência (Fonseca, 1995).

Atualmente, o excesso de informações vem provocando um desgaste na capacidade de fixação das informações, principalmente aquelas informações básicas, que servirão como 'pré-requisitos' para a aquisição e o desenvolvimento do saber/conhecimento. Esse exagero de informações supera nossa capacidade de apreensão eficaz, causando lapsos de memória. Volta à cena a importância em focar a atenção no que nos é importante, a fim de evitar o desvio subordinado à velocidade informativa.

É muito importante que aconteça uma recordação do aprendizado, um relembrar constante, para que o processo de apreensão seja efetivado/consolidado. Segundo o behaviorismo, se o indivíduo estiver consciente e interessado nos estímulos apresentados, terá maior facilidade em focar sua atenção, e assim memorizar. O que muitas vezes não se consegue lembrar é porque não houve concentração ao receber tal informação e não houve a necessidade de reforçá-la durante o aprendizado. "A memória ocupa função importantíssima na aprendizagem. Ao selecionar e chamar a informação assimilada e consolidada, o cérebro combina-a, relaciona-a, classifica-a e organiza-a de uma forma sequencial e ordenada para efeitos de recepção, de integração e de expressão" (Fonseca, 1995, p. 267).

Existe uma estrutura na educação que chamamos de didática, e esta nos auxilia na ministração das aulas e medidas para melhor explicar o conteúdo. Desse modo, fica claro no gráfico a seguir e com essas respostas que o professor evidenciou o seu lado didático de dar aula e oferecer informações.

O aluno disperso e sem motivação encontra com facilidade um modo de se enturmar e fazer parte, por conta da mediação do professor, do trabalho e manejo de classe e das disposições e *performance* de cada docente para chamar a atenção do grupo para o entendimento da matéria e dos conteúdos. Nesse momento, existiu uma confirmação didática de saber lidar com o problema da aprendizagem formal e normal com a aprendizagem e dificuldade do aluno com diagnóstico de TDAH.

Entendemos aqui que existe dificuldade em saber lidar com o aluno que muitas vezes se dispersa devido à falta de concentração, aspecto primordial para o ensino e a aprendizagem. O saber lidar aqui, mediante pergunta ao professor, pode ter escapado para o entendimento da sua didática e manejo da turma. Consideramos, então, por não ter sido 100%, que precisamos saber lidar com as dificuldades do aluno com TDAH.

Gráfico 13 – Sabem lidar – total de escolas pesquisadas

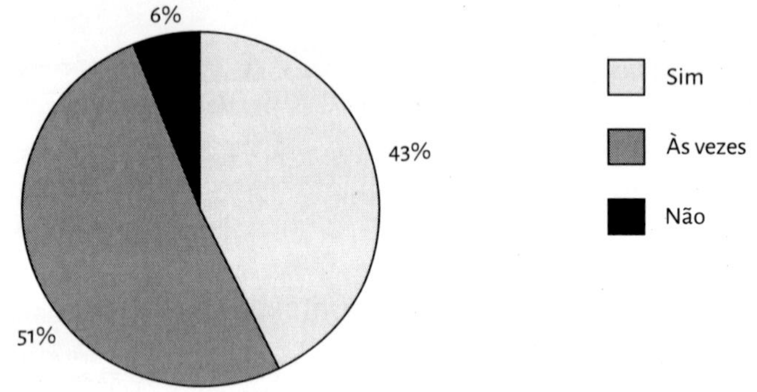

Fonte: Elaborado pela autora.

Dos 85 professores que responderam a questão, 51% correspondem a 43 professores que às vezes conseguem facilidade para lidar com os problemas de aprendizagem; apenas 5 disseram que não conseguem; e 37 professores afirmam que sempre conseguem resolver. Contudo, a resolução do problema muitas vezes é paliativa e não 'curativa' ou reflexiva, mantendo o problema numa constante vertente de idas e vindas, em que o professor deverá por muito tempo se manter resolvendo sempre paliativamente o mesmo problema. Significativo ou não, deve ser evidentemente resolvido para o conforto e acesso às aulas e ao conhecimento.

O gráfico mostra que a resposta "às vezes" demonstra insegurança, por não conseguirem resolver o problema de modo eficaz. Evidencia que a manobra da aula e a acessibilidade ao atendimento específico não contemplam a todos e que futuramente os demais alunos sofrerão com as indiferenças pedagógicas, no sentido de tudo para todos e todos juntos, num processo acadêmico de inclusão e de associação pedagógica.

O saber lidar com os problemas deve ser indicado de modo a sanar as expectativas e sugestões inapropriadas. Saber lidar significa efetivar o processo de ensino e aprendizagem.

Esses níveis reafirmam a premissa de que o educador ou docente necessita ser um pesquisador em sua prática pedagógica e aprofundar as raízes do conhecimento, construindo uma fundamentação teórica de qualidade, entendendo o processo e participando dele (Christovam, 2004, pp. 176-177).

> Se, na filosofia emergente de educação, a ação de educar pode ser concebida como meio de desenvolvimento integral do aluno, o professor deverá ser o elemento estimulador das múltiplas linguagens e inteligências, percebendo o conhecimento de forma não-linear. Se visto como agente formador da consciência crítica, terá, antes de tudo, de se dar tratamento crítico diante dos conteúdos trabalhados. Lembramos ainda que, no ambiente da escola conservadora, [...] o professor tinha de estar ocupado cumprindo planos, e não pensando sobre sua prática (Christovam, 2004, p. 177).

É por meio de uma melhor e mais ampla formação que o educador se transforma em indivíduo mais atuante em sua realidade. Esta formação seria aquela destinada ao licenciado, tanto para o que estiver em processo de desenvolvimento quanto aquele já em exercício. Tal formação deve ser considerada como um processo de desenvolvimento do conhecimento por meio da prática pedagógica da sala de aula.

- **Categoria 3: conhecimento de TDAH**

A escola e o TDAH têm uma relação singular. É geralmente quando a criança entra na escola e mediante as exigências desta que os sintomas do transtorno começam a se manifestar. Além disso, mesmo com o aumento dos estudos sobre o transtorno em adolescentes e adultos, este é considerado um problema da infância, sendo a maioria das pesquisas realizada com crianças em idade escolar, localizadas no Ensino Fundamental I. "O transtorno é apontado como a principal causa de encaminhamento de crianças, em idade escolar, para serviços especializados (Rohde, 2003, p. 12).

Desse modo, o conhecimento do TDAH é relativo e se conhecem mais os sintomas e características do que o transtorno propriamente dito. A maioria dos nossos professores conhece os sintomas e percebe quando um aluno é diferente a partir da sua proposta de observação e condução da turma.

Ao questionarmos os professores se conheciam o TDA com ou sem hiperatividade, obtivemos a seguinte resposta, exposta no gráfico a seguir:

Gráfico 14 – Conhece o transtorno de déficit de atenção com ou sem hiperatividade – total de escolas

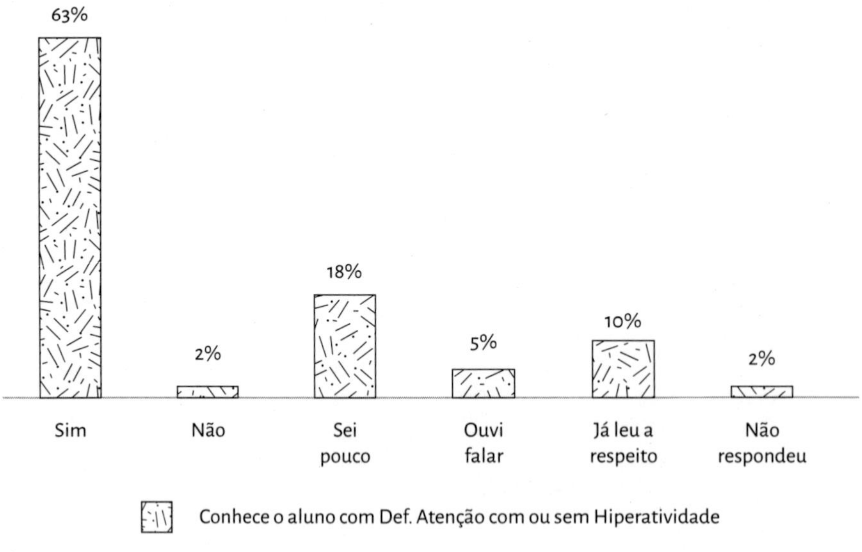

Fonte: Elaborado pela autora.

Do total de professores pesquisados, 21% responderam sim à questão, entretanto, conhecer o TDAH é um facilitador para ser suficiente o trabalho com este aluno em sala de aula. O aluno com TDAH é evidenciado no grupo por conta do seu jeito de permanecer em turma e de lidar com as questões de concentração, análise e estudo. Sendo assim, fica claro para os nossos professores, em sua maioria, que o diferente aparece e se contextualiza muitas vezes como o TDAH na sala de aula.

Segundo o Dr. Keith Connes (apud Goldstein, 1998), o diagnóstico da hiperatividade é difícil e complexo, pois não existe nenhum teste diagnóstico absoluto. É necessária uma reunião de informações de todas as fontes possíveis (por exemplo, pais e professores), para que, mediante variados instrumentos (questionários, entrevistas e testes) e vários meios, possam suspeitar e avaliar a pessoa. Além disso, deverá haver sinais significativos na história do desenvolvimento da criança que trazem certeza absoluta para contribuir com o diagnóstico.

Conforme Goldstein (1998, p. 41), é preciso incluir a coleta e a observação de oito tipos de informações, a saber:

Quadro 9 – Oito tipos de informações para completar o diagnóstico de TDA

Tipo de informação	Descrição
1. **Histórico**	▸ O histórico familiar e comportamental da criança consiste em fonte de informação diagnóstica: problemas que a família teve, métodos utilizados para impor disciplina, problemas de desatenção, episódios de impulsividade comportamento excessivamente ativo.
2. **Inteligência**	▸ A frustração decorrente da dificuldade temperamental compromete a aprendizagem. Inclusive crianças com inteligência abaixo da média ficam provavelmente muito mais frustradas pelas exigências cada vez mais complexas impostas pela escola e pela vida (p. 42).
3. **Personalidade e desempenho emocional**	▸ Temos dois grupos distintos. Um grupo das crianças que são conscientes quanto aos seus problemas, o que as torna "mais infelizes, desamparadas e frustradas na medida em que continuam a fracassar". E um segundo grupo dos outros que "parecem não ter consciência de seus fracassos e continuam suas vidas indiferentes a inúmeras situações frustrantes que experimentam". Assim, os dados sobre a sua personalidade e funcionamento emocional – depressão, ansiedade, medos e (in)segurança – são informações valiosas.
4. **Desempenho escolar**	▸ A criança hiperativa precisa ser observada e acompanhada, pois, "se estiver conseguindo alcançar a média ou está acima dela, é uma preocupação menos imediata do que quando a criança está abaixo da média ou é desatenta" (p. 43). Neste último caso, é necessário intervenção pedagógica direta para melhorar a capacidade escolar, lembrando que o hiperativo, também apresenta deficiência em alguma habilidade específica, que acaba interferindo na sua capacidade de aprender.
5. **Amigos**	▸ A facilidade ou dificuldade de fazer e manter amizades determina o quanto a criança vai se sair bem ou mal em termos comportamentais ou emocionais durante o decorrer da sua infância (p. 43).
6. **Disciplina e comportamento em casa**	▸ O comportamento do hiperativo muitas vezes se dá no isolamento, mas a família precisa informar sobre as formas de correção, imposição de limites e abordagens educacionais que já foram tentadas, a fim de que se esclareça o nível de gravidade dos problemas que possam estar acontecendo.
7. **Comportamento em sala de aula**	▸ A avaliação do(s) professor(res) com suas percepções e observações sobre a capacidade de seguir regras e limites, de respeitar a autoridade, e até sobre a realização das tarefas, é importante para o diagnóstico e tratamento adequado.
8. **Consulta médica**	▸ O diagnóstico clínico é essencial no processo de avaliação.

Fonte: Goldstein, 1998.

Todas as etapas e fontes de informações são importantes para que o diagnóstico seja o mais próximo da certeza. Justifica-se a descrição, pelo fato de muitos problemas de impulsividade ou falta de atenção serem atribuídos à hiperatividade, quando na verdade são problemas emocionais ou de ajustamento, assim, evita-se o diagnóstico falso-positivo – tratar a criança como hiperativa, quando ela não é; e o diagnóstico falso-negativo – que rotula a criança de qualquer outra coisa quando a hiperatividade é a causa dos seus problemas (Goldstein, 1998).

Gráfico 15 – Sabe promover atenção específica para o aluno com laudo de Transtorno de Déficit de Atenção com ou sem Hiperatividade em sala de aula – total de escolas

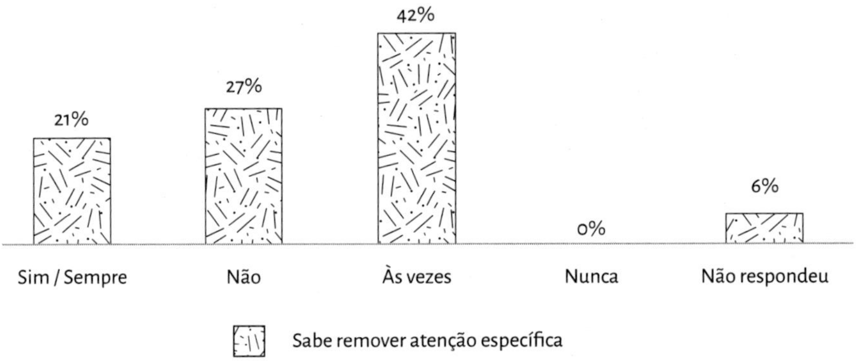

Fonte: Elaborado pela autora.

Segundo Relvas (2008), Déficit de Atenção/Hiperatividade (TDAH) é um transtorno psiquiátrico, neurobiológico, mais comum na infância e na adolescência, de causa ainda desconhecida, mas com forte participação genética na sua etiologia. Acompanha o sujeito por toda a vida.

Segundo Goldstein (1998), no curso das últimas décadas, o estudo do TDAH tem atraído o interesse de pesquisadores de medicina, psicologia e educação, sendo provável que nenhum outro distúrbio psicomédico da infância tenha sido tão bem estudado.

Goldstein (1998) também afirma que a criança hiperativa representa um enorme desafio para pais e professores. As pesquisas sugerem que a hiperatividade pode ser o problema mais persistente e comum na infância. É persistente ou crônico porque não tem cura e muitos problemas apresentados pela criança hiperativa devem ser administrados, dia a dia, durante a infância e a adolescência. É possível que os problemas resultantes da hiperatividade estejam entre as razões mais frequentes que justificam o encaminhamento de crianças com problemas de comportamento a médicos, psicólogos, educadores e outros especialistas em saúde mental.

Um dos motivos para tão grande interesse é o fato de o TDAH ser bastante generalizado na sociedade, atingindo de 3% a 5% das crianças em idade escolar do país. Para muitas dessas crianças, os efeitos do TDAH serão visíveis na juventude e na vida adulta. Seu efeito sobre a qualidade de vida é marcante, não apenas para a criança, como também para toda a sua família e contexto escolar.

- **Categoria 4: trabalho com alunos com TDAH**

Declarou já ter trabalhado com alunos com laudo de TDAH a maioria dos professores das escolas pesquisadas. Existe um grande número de diagnósticos de TDAH devido ao fato de o sistema educacional não ser adaptado para alunos diferentes. A queixa surge na família e é imediatamente levada à escola por conta da falta de entendimento, cadernos incompletos e devaneio nas respostas das provas das áreas de humanas e lógicas matemáticas. Segundo os pais e responsáveis, diante do vapor do TDAH, é mais fácil rotular a criança irrequieta de hiperativa, do que admitir que os recursos educacionais usados não estão adequados àquele aluno.

> Com este mesmo raciocínio, é dito, ainda, que a maioria dos alunos fazem parte dos "falsos hiperativos", que são crianças que não se adaptam ao esquema escolar e que se comportam como hiperativas sem ter disfunção bioquímica. Ou seja, seriam hiperativos construídos pela sua própria história educacional (Falcão, 2001, p. 32).

Nessa perspectiva, a escola não só detecta e evidencia o TDAH, mas também produz os seus sintomas, sendo, portanto, chamada a se comprometer com o transtorno e a se posicionar diante do problema. Leve-se também em consideração que cada escola assume de uma maneira o caso e o trata dentro da legalidade da não inclusão do escopo da PMVV. Apesar desse chamado, percebe-se que existe uma submissão histórica ao discurso médico bem como sua aceitação, sem que haja questionamentos por parte do educador.

A literatura sobre o TDAH, quando se refere às implicações educacionais, aponta para um saber alheio, orientado por áreas como a neuropsiquiatria e a psicologia. Será que isso significa que as implicações educacionais seriam uma "cartilha" de procedimentos ditada pelo discurso médico e endossada pela psicologia, para a escola e os professores seguirem?

O TDAH alastra-se no espaço escolar, sem, entretanto, mostrar-se livre de propósitos latentes, que emergem na aparência de um discurso rotulado de científico que se aloja no cotidiano escolar e que, consequentemente, afeta suas práticas.

Desse modo, evidenciamos a veracidade do assunto e a condição clara do convívio desse aluno no contexto da educação pública nesse município.

Gráfico 16 – Já trabalhou com alunos que possuem laudo de TDAH

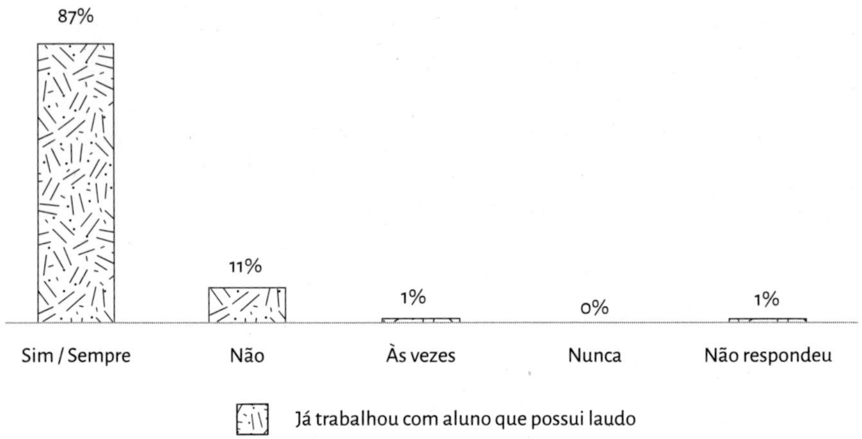

Fonte: Elaborado pela autora.

Gráfico 17 – As atividades acadêmicas são diversificadas para atender as várias necessidades dos alunos

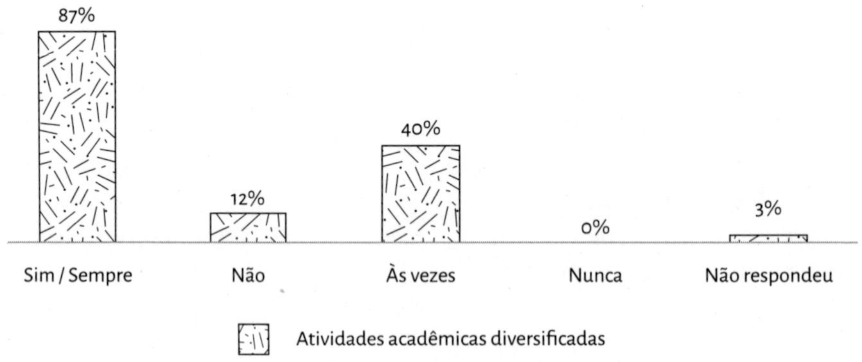

Fonte: Elaborado pela autora.

Nota-se que a maioria dos professores (38 profissionais) respondeu que as atividades usadas na sala de aula são diversificadas com vistas a atender as várias necessidades apresentadas por alguns alunos da turma. E, em segundo lugar, destacam-se 40%, um número menor de apenas 4 profissionais que às vezes planejam atividades diversificadas.

Em contrapartida, 10 dos professores responderam que "não" selecionam suas atividades, e justificam-se dizendo que:

> "Não tenho formação na área!" (Professor X da Escola nº 8).
> "A turma é muito cheia e agitada!" (Professor Y da Escola nº 8).
> "Falta de tempo hábil." (Professora S da Escola nº 6).
> "Não disponibilizam os materiais necessários!" (Professora H da Escola nº 2).

Ressalta-se que, apesar de não solicitarmos justificativa nas demais respostas, uma profissional nos chamou a atenção para o que denominamos de 'desabafo', quando descreveu, na opção 'às vezes': "Quando se tem os recursos necessários, devido à realidade escolar!" (Professora R da Escola nº 6).

Fica registrado que alguns dos professores que responderam ao questionário precisam de amparo das unidades de ensino dessa prefeitura no que diz respeito ao material pedagógico, tempo, disciplina dos alunos e turma com número de alunos favorável ao atendimento pedagógico. Alguns manejos de sala são impossíveis pelas condições de trabalho e falta de recursos indispensáveis ao apoio pedagógico.

Descrevem-se alguns tipos e formas de intervenção para melhor "adequação" da criança com TDAH, segundo Relvas (2008, p. 91-92).

Quadro 10 – Tipos de intervenção para a criança com TDAH

Tipos e formas de intervenção		
Acadêmica	**Comportamental**	**Ambiental**
▸ **Organização da sala de aula, de forma a facilitar a movimentação e o acesso aos materiais por esses alunos;**	▸ Adoção de atitudes positivas, elogios, reconhecimento e 'recompensas' pelo comportamento adequado;	▸ Colocar a criança perto do professor, para que possa ser mais bem orientada;
▸ **Divisão das atividades em unidades menores;**	▸ Redirecionar para atividade diferenciada ou situação, que lhe chame a atenção, evitando a frustração ou agitação por não haver conseguido;	▸ Não a colocar próximo da porta ou de janelas, nem de colegas que a importunem;
▸ **Iniciar, de preferência, pelas atividades que demandam atenção, deixando para depois as que são mais "agradáveis e estimulantes";**	▸ Permitir algumas saídas propositais, para beber água, dar uma volta, ir ao banheiro, ajuda a despertar a atenção para outras tarefas, saindo do foco do problema;	▸ Privilegiar turmas que tenham apenas um aluno com TDAH, para que o professor possa desenvolver os planejamentos 'personalizados' com mais facilidade;
▸ **Esclarecer a turma sobre os limites e características do aluno com TDAH, sobre como devem agir e sobre os acordos/regras de conduta;**	▸ Lembrar sempre dos combinados e acordos que foram feitos;	▸ Permitir o acompanhamento de estagiário, ou de Professor de Educação Especial, caso seja necessário, tendo em vista o melhor desenvolvimento do aluno;
▸ **Oferecer orientação antes do início da rotina, explicando "as etapas" que serão desenvolvidas.**	▸ Definir objetivos/desafios possíveis de serem alcançados, estimulando sua capacidade.	▸ Usar música de fundo, instrumental, calma, que propicie um clima agradável, tranquilo e harmônico.

Fonte: Adaptado de Relvas, 2008, p. 91-92.

Observa-se, a partir da elaboração deste estudo, que as Dificuldades de Aprendizagem e/ou TDAH podem afetar quaisquer pessoas, devendo ser observados os direitos à educação com qualidade.

Categoria 5: opinião

A escola era, como ainda é, o cenário dos discursos idealizados de um mundo feliz, democrático e progressista. A crença de que a salvação do mundo procede da educação motivou os iluministas, os liberais e os democratas e, ainda hoje, motiva-nos.

A demanda pela escolarização das sociedades modernas, industriais e capitalistas instaurou a obrigatoriedade do ensino escolar. Tal democratização do ensino provocou a entrada maciça, na escola, de crianças que não a frequentavam até então, o que caracterizou uma complexidade que evidencia a singularidade da apropriação do saber por essas crianças (Cordié, 1996; Costa, 1999; Collares & Moysés, 1992; Patto, 1991).

A escola moderna, sendo normativa, tem a necessidade de explicar e justificar os rendimentos diferentes de seus alunos. Os que fracassam são os que não acompanham, "pois, na escola, é preciso acompanhar" (Cordié, 1996, p. 11). Sendo assim, o que não consegue passa a ser evidenciado e fácil de se localizar em todo o contexto.

Na opinião dos professores entrevistados, a maioria entende que precisa de apoio pedagógico constante para a sala de aula. Evidenciam que precisam estar ao lado desse apoio para conseguirem concluir suas aulas e tarefas pedagógicas. Enfatizam que o apoio é importante, deve ser constante e que o aluno deve, em família, ser medicado por especialistas e constatado em laudo médico.

A escola reconhece suas fragilidades e, diante dos problemas e variáveis neste caso com o TDAH, precisa se ajustar e se manter presente na vida acadêmica da criança e do jovem. Esse transtorno precisa ser diagnosticado, acompanhado e tratado, de forma a incluir esse sujeito no contexto escolar de modo significativo e de evidência confirmada para o trabalho efetivo dos profissionais da educação.

Os setores da EE devem ser a mola mestra nessa significância, promovendo acessibilidade aos professores no contexto de suas aulas e permanência com esses alunos. Daí o mecanismo do processo de ensino e aprendizagem funcionará como deve e se sonha hoje nessa PMVV.

Gráfico 18 – De que tipo de ajuda necessita e como classifica ou especifica esta ajuda

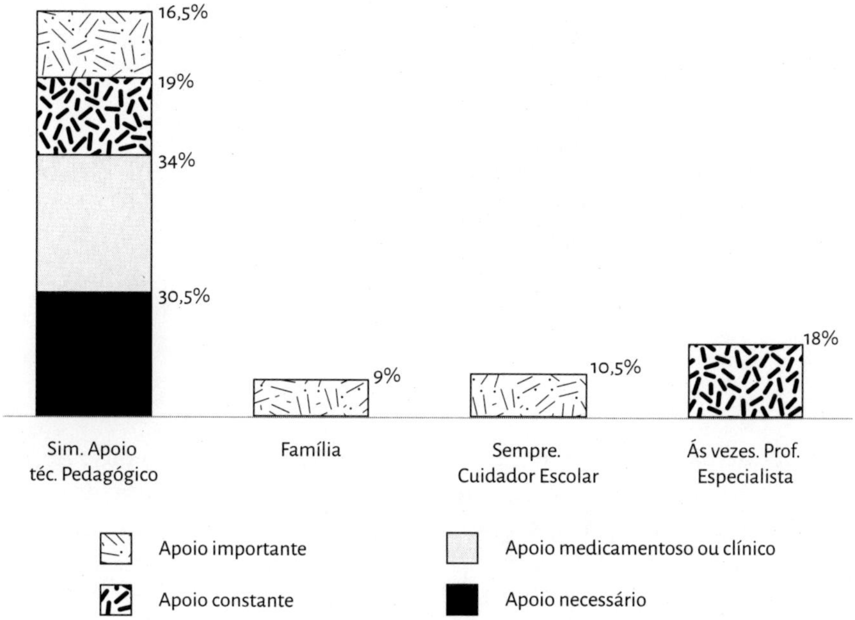

Fonte: Elaborado pela autora.

Para elaborar o Gráfico 18, utilizamos os dados das questões 11 e 14, que nos dizem o seguinte: "Você acredita que precisa de ajuda para lidar em sala de aula com alunos diagnosticados como possuidores de um laudo de Transtorno de Déficit de Atenção com ou sem Hiperatividade? E de que ajuda precisaria?" e "Como você classificaria a necessidade específica de apoio ou ajuda a este aluno em sala de aula?".

Segundo a pesquisa, o apoio é importante para todos. O apoio técnico-pedagógico, que também inclui o professor especialista, bem como o cuidador escolar – para os professores, com vistas ao processo de aprendizagem dentro e fora da sala de aula, e, para a família, o apoio clínico e/ou medicamentoso.

Gráfico 19 – Opinião sobre a ausência de atendimento especializado ao aluno com laudo de TDA com ou sem hiperatividade

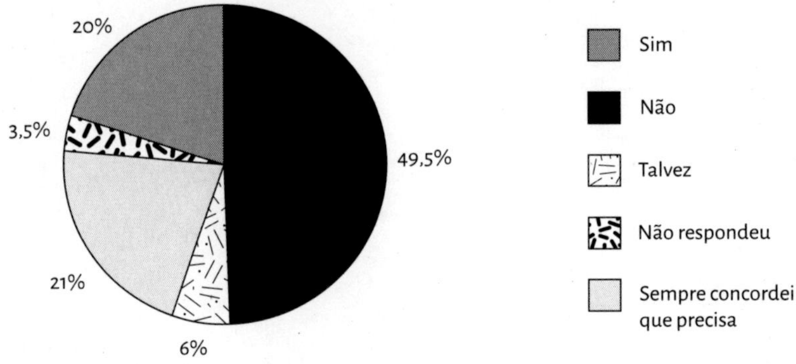

Fonte: Elaborado pela autora.

Nesta questão, a afirmativa de que o aluno possuidor de laudo de TDA com ou sem hiperatividade não faz parte do atendimento educacional na PMVV resultou na confirmação de nossa hipótese, pois, ao somar os que não concordam (49,5%) com o total daqueles que sempre concordaram que é preciso (21%), têm-se 70,5% dos professores confirmando tal necessidade de mudança pedagógica. Justifica-se essa conclusão partindo da premissa de que o trabalho pedagógico de acompanhamento em sala de aula influencia o rendimento do aluno com TDAH sobremaneira.

Fonseca (1995) esclarece, a título de curiosidade, ou melhor, de conhecimento, que não há uma área específica do cérebro que seja exclusivamente responsável pela aprendizagem, o todo, funcional e estrutural, é o responsável pela aprendizagem. Portanto, numa definição ainda mais simplicista, mas não menos importante, recorrendo-se ao *Dicionário Aurélio da Língua Portuguesa*, encontra-se:

Figura 2 – Aprendizagem

Fonte: Elaborada pela autora.

Isto é, a aprendizagem seria o ato de tomar conhecimento, a ação de aprender. E, numa visão neurobiológica da aprendizagem, pode-se compreender que: "é uma modificação biológica na comunicação entre os neurônios, formando uma rede de interligações que podem ser evocadas e retomadas com relativa facilidade e rapidez" (Relvas, 2009, p. 35), o que não é possível ao portador de TDA com ou sem hiperatividade.

Gráfico 20 – Interesse em receber treinamento

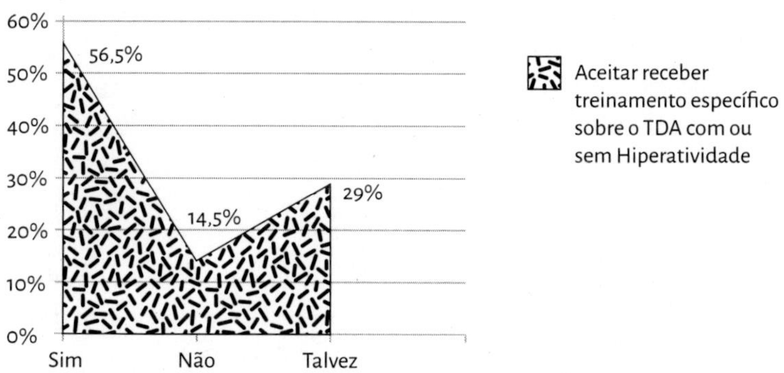

Fonte: Elaborado pela autora.

As dificuldades de aprendizagem (DA) e o próprio TDA são problemas que até bem pouco tempo eram desconhecidos ou pouco conhecidos, nunca significaram tanta preocupação como nos dias atuais, em que se tem um percentual de pelo menos 5% da população afetada.

Segundo Strick e Smith (2001, p. 14b), as dificuldades de aprendizagem, que incluem o TDA, seriam: "Problemas neurológicos que afetam a capacidade do cérebro para entender, recordar ou comunicar informações". E acredita-se que o número de indivíduos afetados possa ser maior, tendo em vista a concordância de muitos especialistas que afirmam que os estudantes não apresentam resultados satisfatórios em virtude de deficiências que não foram identificadas.

É comum encontrar práticas equivocadas, antiéticas e errôneas de alguns profissionais que rotulam seus educandos (crianças, jovens ou adultos) de: preguiçoso, descuidado, relaxado, de baixa inteligência, desatento, inquieto, quieto, tímido, agressivo, hostil, disperso etc. Tais alunos são sistematicamente incentivados a esforçarem-se e corrigirem-se, como se dependesse somente deles a atitude de mudança. Esquece-se de que outros fatores (familiares, econômicos e sociais) são tão ou mais determinantes na compreensão e solução do problema. As crianças e os jovens dependem de seus responsáveis e muitas vezes "não são valorizadas" e/ou "não têm crédito" para "pedir ajuda", porque o assunto problema de aprendizagem é, para muitos, novidade (Strick & Smith, 2001, p. 14b).

Portanto, tomar ciência que mais de 50% dos pesquisados aceitariam treinamento específico e que mais 29% talvez aceitariam – porque, por unanimidade, justificaram-se dizendo que não possuem condições financeiras para assumirem os custos –, treinamento significa dizer que temos um 'exército' de profissionais dispostos a enfrentar o desafio de 'aprender' sobre TDA com o objetivo de mudar o processo de inclusão desse aluno no ambiente escolar.

As informações sobre os PA e sobre TDA são alvo de muitos estudos, entretanto, sua divulgação se dá a passos muito lentos, levando os profissionais do contexto educacional e a família a cometerem enganos e reafirmarem mitos, que só resultam negativamente na vida escolar, social e pessoal do indivíduo. Strick e Smith (2001, p. 15a) afirmam que "Não é fácil entender a confusão". "Para começo de conversa, o termo *dificuldades de aprendizagem* refere-se não a um único distúrbio, mas a uma gama de problemas que podem afetar qualquer área do desempenho acadêmico".

Sendo assim, fica esclarecida a importância e a fundamentação da alteração legal que possa incluir o atendimento educacional especializado para o aluno de TDA com ou sem hiperatividade no rol dos atendimentos da Educação Especial do município de Vila Velha, considerando-se como a primeira cidade da Grande Vitória no Estado do Espírito Santo a fazer esse reconhecimento.

5.1. DISCUSSÃO, ANÁLISE E INTERPRETAÇÃO DOS DADOS

Em conformidade com Vergara (2004, p. 47):

> O tratamento dos dados refere-se àquela seção na qual se explicita como se pretende tratar os dados a serem coletados, justificando por que tal tratamento é adequado aos propósitos do projeto. Objetivos da pesquisa serão atingidos através da coleta, tratamento e futura interpretação dos dados, devendo ser estabelecida uma correlação entre objetivos e os modos de atingi-los.

Nesses termos, a teoria retirada da pesquisa e disposta ao longo do referencial teórico foi utilizada como um instrumento comparativo para a interpretação das informações coletadas pelos questionários de acordo com os indicadores adotados. Em contrapartida, as informações reunidas do estudo podem ser tratadas de forma quantitativa, utilizando-se métodos estatísticos, como os gráficos. Para Silva e Menezes (2005, p. 20), com relação à pesquisa quantitativa: "[...] considera que tudo pode ser quantificável, o que significa traduzir em números opiniões e informações para classificá-las e analisá-las. Requer o uso de recursos e de técnicas estatísticas (percentagem, média, moda, mediana, desvio-padrão, coeficiente de correlação, análise de regressão, etc.)".

A pesquisa qualitativa refere-se a um vasto conjunto de significados, motivos, justificativas, desejos, crenças, valores e comportamentos, representando uma realidade de maior profundidade nas relações, dos processos e dos fenômenos que não podem ser reduzidos à operacionalização de variáveis. A pesquisa qualitativa recebe críticas em virtude de seu experimentalismo, subjetividade e mesmo por um envolvimento emocional ou parcial do pesquisador (Minayo, 2001, p. 14).

De acordo com Santos (2003), a pesquisa qualitativa é utilizada em estudos que se refiram ao conhecimento, tomando o próprio processo de construção do conhecimento como uma dimensão importante a considerar. Esse posicionamento se fundamenta na interpretação de que inexiste produção de conhecimento sem a participação do sujeito conhecedor, admitindo-se que o investigador deve incorporar e assumir na sua produção científica a sua própria subjetividade. O objetivo quantitativo é o de isolar e definir categorias de forma o mais detalhada possível, antes do estudo de campo, determinando, com elevado rigor e precisão, a relação entre essas categorias. O objetivo qualitativo, por sua vez, isola e define as categorias de análise não inicial, mas no decorrer do trabalho de pesquisa, abrangendo inclusive uma revisão de literatura, aguardando, na maior parte das vezes, que a natureza das suas definições analíticas se altere e evolua ao longo do desenvolvimento do próprio processo.

Os dados também podem ser tratados de forma qualitativa, como, por exemplo, codificando-os na forma de gráficos, tornando essas informações mais estruturadas para permitir a sua análise. Pode haver diversas outras estratégias, e a escolha da apropriada fica por conta do pesquisador.

Em contrapartida, é plenamente possível, de acordo com Vergara (2004), tratar os dados quantitativa e qualitativamente dentro de um mesmo estudo, assim, os dados foram aqui tratados de forma qualiquantitativa e apresentados de maneira clara para serem analisados. Foram reunidas significativas informações estatísticas, a respeito da formação e capacitação dos professores que atendem o Ensino Fundamental no município de Vila Velha.

As informações foram tabuladas e os percentuais obtidos proporcionaram a criação de gráficos para que elas sejam melhor compreendidas, com as descrições de cada um deles, de acordo com os percentuais e informações apurados.

Foram trabalhadas 11 escolas municipais e cada uma possui suas especificações e regiões específicas. Segue o nosso desígnio:

- UMEF Edson Tavares de Souza, localizada na região II do município de Vila Velha, possui o endereço: Rua Sérgio Cardoso, nº 121 – Bairro: Ilha dos Bentos. Alunos matriculados num total de 371 alunos, sendo 184 no turno matutino e 187 no vespertino. Possui 7 salas de aula e 7 professores regentes por turno, 4 professores específicos nas disciplinas de Artes, Ensino Religioso, Tecnologia Educacional e Educação Física. Nesta UMEF, 14 professores responderam à pesquisa.
- UMEF Deolindo Perim, localizada na região V do município de Vila Velha, possui o endereço: Rua Januário, s./n. – Bairro: Ulisses Guimarães. Alunos matriculados num total de 1.031, sendo 503 no turno matutino e 528 no vespertino. Possui 22 salas de aula e 22 professores regentes por turno, 8 professores específicos nas disciplinas de Artes, Ensino Religioso, Tecnologia Educacional e Educação Física. Nesta UMEF, 1 professor respondeu à pesquisa.
- UMEF Antonio Pinto Rodrigues, localizada na região III. Rua Belo Horizonte, s./n. – Bairro: Santa Monica. Alunos matriculados num total de 300, sendo 120 no turno matutino e 180 no vespertino. Possui 8 salas de aula e 8 professores regentes por turno, 4 professores específicos nas disciplinas de Artes, Ensino Religioso, Tecnologia Educacional e Educação Física. Nesta UMEF, 2 professores responderam à pesquisa.

- UMEF Governador Cristiano Dias Lopes Filho, localizada na região V. Rua Ita, s./n. – Bairro: São Conrado. Alunos matriculados num total de 1.200, sendo 500 no turno matutino, 500 no vespertino e 200 no noturno. Possui 18 salas de aula e 18 professores regentes por turno matutino e vespertino e 10 professores no noturno, 12 professores específicos nas disciplinas de Artes, Ensino Religioso, Tecnologia Educacional e Educação Física. Nesta UMEF, 3 professores responderam à pesquisa.
- UMEF Professora Raymunda de Mendonça, localizado na região II. Rua três, n. 66 – Bairro: Santa Mônica. Alunos matriculados num total de 631 alunos, sendo 310 no turno matutino e 321 no vespertino. Possui 13 salas de aula e 13 professores regentes por turno, 8 professores específicos nas disciplinas de Artes, Ensino Religioso, Tecnologia Educacional e Educação Física. Nesta UMEF, 5 professores responderam à pesquisa.
- UMEF Senador João de Medeiros Calmon (TI), localizada na região I. Rua Sebastião Silveira, s./n. – Bairro: Parque das Gaivotas. Alunos matriculados num total de 1.250, sendo 598 no turno matutino e 652 no vespertino. Possui 19 salas de aula e 19 professores regentes por turno, 8 professores específicos nas disciplinas de Artes, Ensino Religioso, Tecnologia Educacional e Educação Física. Nesta UMEF, 8 professores responderam à pesquisa.
- UMEF Deputado Mikeil Chequer, localizada na região I. Rua José de Alencar s./n. – Bairro: Boa Vista II. Alunos matriculados num total de 392, sendo 150 no turno matutino e 242 no vespertino. Possui 9 salas de aula e 9 professores regentes por turno, 5 professores específicos nas disciplinas de Artes, Ensino Religioso, Tecnologia Educacional e Educação Física. Nesta UMEF, 8 professores responderam à pesquisa.
- UMEF Izaltina Almeida Fernandes, localizada na região IV. Avenida Castelo Branco, s./n. – Bairro: Jardim Marilândia. Alunos matriculados num total de 715, sendo 363 no turno matutino e 352 no vespertino. Possui 11 salas de aula e 11 professores regentes por turno, 8 professores específicos nas disciplinas de Artes, Ensino Religioso, Tecnologia Educacional e Educação Física. Nesta UMEF, 8 professores responderam à pesquisa.
- UMEF Pedro Herkenhoff, localizada na região IV. Avenida Octavio Borin, n. 746. Bairro Cobilândia. Alunos matriculados num total de 1.010, sendo 386 no turno matutino, 390 no vespertino e 224 no noturno. Possui 14 salas de aula e 14 professores regentes

no turno matutino, 20 professores no vespertino, 10 professores no noturno e 16 professores específicos nas disciplinas de Artes, Ensino Religioso, Tecnologia Educacional e Educação Física. Nesta UMEF, 14 professores responderam à pesquisa.

- UMEF Professor Paulo Cesar Vinha, localizada na região V. Rua Antonio Elias do Espírito Santo, s./n. – Bairro: Terra Vermelha. Alunos matriculados num total de 1.810, sendo 850 no turno matutino e 960 no vespertino. Possui 27 salas de aula e 27 professores regentes por turno, 10 professores específicos nas disciplinas de Artes, Ensino Religioso, Tecnologia Educacional e Educação Física. Nesta UMEF, 17 professores responderam à pesquisa.
- UMEF Cecília Marchesi Pavesi, localizada na região III. Rua Vasco Alves, n. 356, Bairro: Vila Dom João Batista. Alunos matriculados num total de 204, sendo 102 no turno matutino e 102 no vespertino. Possui 4 salas de aula e 4 professores regentes por turno, 4 professores específicos nas disciplinas de Artes, Ensino Religioso, Tecnologia Educacional e Educação Física. Nesta UMEF, 4 professores responderam à pesquisa.

Pode-se inferir que, nas escolas das regiões I e II, a maioria dos professores tem entre 40 e 50 anos de idade, mais de 10 anos de experiência e suas salas de aula têm aproximadamente 25 alunos, sendo que destes 30% apresentam dificuldades de aprendizagem – 8 alunos por turno. São professores experientes que planejam atividades diversificadas e percebem a necessidade de apoio técnico-pedagógico e familiar para desenvolver um processo de ensino e aprendizagem satisfatório com alunos com deficiência na aprendizagem.

Nas regiões III e IV existem características semelhantes que diferem das demais regiões. Os professores são mais jovens, com idade dos 30 aos 40 anos, e com aproximadamente 15 anos ou menos de experiência profissional. As salas de aula têm em média 25 alunos, com 32% que apresentam dificuldades na aprendizagem. Contudo, a maioria conhece a temática do TDAH, mas não sabe promover atenção específica para esse aluno e reconhece que precisa de ajuda e a classifica como apoio importante, por demandar atitudes diferenciadas.

As escolas da região V têm as salas de aulas mais cheias, com 35 alunos em média, e com 30% desses alunos com dificuldades na aprendizagem. Os professores são experientes, com mais de 15 anos na sala de aula, conhecem o TDAH e já trabalharam com esse tipo de aluno, contudo, responderam que não saberiam promover a atenção específica. Nesse caso, reconhecem que precisam de apoio necessário, tanto apoio técnico-pedagógico, quanto de familiar e de um profissional especialista.

Ressalta-se que a maioria dos pesquisados, independentemente da região, não concorda com a posição da PMVV, que não preconiza o aluno possuidor de laudo de TDAH como parte do escopo de atendimento e acompanhamento da EE do município. Responderam que a partir de treinamento específico poderiam fazer um trabalho bom com esses alunos em sala de aula. Inclui-se nesse arcabouço a necessidade de apoio constante, perpassando pelo aperfeiçoamento técnico-pedagógico, familiar, de profissionais especializados e até médico e clínico.

Segundo Moliner (1994 apud Sá, 1996), os conceitos que se mostram centrais no discurso de um grupo têm um laço privilegiado com o objeto da representação. Esse laço é simbólico e se relaciona às condições históricas e sociais que conduziram o nascimento da representação. Assim, tanto a saliência quanto a conexidade estão relacionadas ao valor simbólico de um conceito, pois é este que leva à emissão frequente das palavras que o designam e ao seu forte poder associativo.

Os resultados mostram que, na representação dos educadores, o termo "hiperatividade" é associado mais aos comportamentos escolares desviantes do que à presença de uma doença. Percebem que o aluno portador desse transtorno muitas vezes atrapalha mais a aula do que a si mesmo. Percebeu-se que o professor é mais didático do que curador, e que muita vezes a ajuda solicitada é para que o aluno assista à aula e participe das ações.

Dessa forma, o valor simbólico dos conceitos mais evidenciados pelos educadores, ao representarem o TDAH, refere-se a sua vivência profissional. Essa vivência prática dos educadores influencia a apropriação do TDAH e manifesta-se em sua representação no contexto escolar.

Moscovici (1978, p. 174) esclarece que, "no decurso dessa domesticação, o objeto é associado às formas conhecidas e reconsiderado através delas". A atitude dos educadores de descrever o TDAH por meio dos comportamentos problemáticos de sua experiência com o aluno diz respeito aos mecanismos de objetivação e ancoragem estudados por esse autor.

Assim, quando o professor classifica como TDAH a "desconcentração", a "inquietação" ou a "agitação" do seu aluno, ele estabelece uma relação diferente com esses comportamentos, que interfere diretamente na busca de soluções para o problema, ou seja, na sua implicação com o problema. Aqui, já nos encontramos no campo da ancoragem, pois o TDAH transforma-se em quadro de referência e em rede de significação para a utilidade do professor. Ele passa a inserir-se na hierarquização de valores e nas operações realizadas pelos professores, tornando-se um instrumento à disposição deles.

6

ANÁLISE FINAL DA PESQUISA

A apropriação do TDAH, no referido contexto, pode servir à nomeação, objetivando o 'mal-estar' provocado por aqueles que se apresentam como diferenciais num contexto de padronização, em que o não saber é rechaçado e externalizado por trazer incômodo.

É preciso um nome para aquilo que se mostra aquém (em atenção) e/ou além (em atividade) do esperado. Esse enfrentamento do não saber que perpassa constantemente o ato de educar, sem buscar imediato alívio em um saber alheio, no caso do TDAH, o saber médico, é proposto por vários autores que sustentaram teoricamente essa pesquisa. Portanto, o que entendemos é a necessidade de o professor ter o mínimo de conhecimento, e isso não quer dizer ter o conhecimento médico e clínico, mas o suficiente para entendimento e procedimento com o aluno portador do transtorno.

O professor tem um perfil acadêmico e consistentemente pedagógico capaz de diagnosticar a diferença de um aluno para o outro com relação ao comportamento, mas não conseguirá, em sua maioria, converter esta condição por muito tempo nem dentro da sala de aula. Existe uma remediação para se estabelecer a aula, mas não para reverter a doença.

Desse modo, observa-se que o professor a todo momento solicita uma ajuda, um acompanhamento e um direcionamento para favorecê-lo em seu grupo de estudos, e, principalmente, na sala de aula.

O TDAH é um transtorno sério que invade hoje as salas de aula com bastante presença, de modo surpreendente e marcante, inibindo todos os esforços de trabalho com o aluno e desapropriando o saber do grupo por conta das demasiadas interferências profissionais com o aluno em questão.

O professor precisa de ajuda, bem como a criança ou jovem precisa de acompanhamento médico e familiar para enfrentar o dia a dia da sala de aula e de sua vida social. O transtorno inibe o sujeito na sua vida em comunidade e o deixa sem perspectivas de vida social coletiva.

As escolas não possuem um direcionamento específico, e somente a partir de 2016 alguns dos documentos da EE possuem alguma anotação singela sobre o aluno portador de laudo, na qual se deve mostrar o nome e o tipo de acompanhamento que se realiza com ele. Esse acompanhamento é profissional e sem nenhum tipo de treinamento ou dimensão pedagógica determinada, é estritamente singular, no que tange ao trabalho pedagógico de cada escola, com tratamento para cada aluno, inclusive o Plano de Desenvolvimento Individual[9] (PDI) não é citado.

O perfil profissional e educacional varia de acordo com as regiões. Existem desafios/dificuldades que podem atrapalhar o andamento do trabalho pedagógico, acrescentando o processo de inclusão, que sofre influências, pois a maturidade profissional e a experiência vivida por cada um dos profissionais são fatores preponderantes (e, por que não, determinantes) num contexto escolar. Dentre os desafios a serem enfrentados, destacam-se:

> – Numero significativo de crianças a serem atendidas que apresentam alguma dificuldade de aprendizagem, em média são cinco (ou mais) alunos por turma, principalmente do 1º ao 3º ano, além daqueles que estão no 4º e 5º anos semialfabetizados;
> – Disposição de professor para o atendimento do chamado Reforço Escolar, a carga horária desse profissional é inferior às 25 horas semanais, no turno matutino;
> – Diagnosticados problemas de analfabetismo, escrita arbitrária, defasagem de idade/série, falta de atenção/concentração;
> – Observação quanto à necessidade de diagnóstico médico para Déficit de Atenção e Hiperatividade, Dislexia, Discalculia, bem como para problemas de dificuldades de aprendizagem e/ou deficiência (intelectual, visual, auditiva, dentre outras);
> – Alunos que chegam ao 2º Ciclo do Ensino Fundamental I (4º e 5º anos) sem estarem alfabetizados adequadamente;
> – Queixas dos professores quanto à falta de concentração, desinteresse e indisciplina.[10]
> – Falta de interesse dos alunos;
> – Cansaço mental;

---

9 Plano de Desenvolvimento Individual (PDI).

10 Outra observação válida está relacionada ao problema da indisciplina escolar, o que demanda à equipe pedagógica um número de atendimento surpreendente no dia a dia, os assuntos partem da falta de comportamento/educação alcançando episódios de agressividade por parte de alguns alunos que se recusam a compreender as normas de conduta da escola. Somente no primeiro Trimestre desse ano letivo o total de atendimento às famílias ultrapassou 250 reuniões, e o que muito nos preocupa é que o resultado positivo dessas intervenções não ultrapassa o índice de 10%, ou seja, menos de 25 alunos têm demonstrado mudança com a solicitação da intervenção familiar no processo de aprendizagem.

> – Desgaste emocional e psíquico, devido às condições de vida, que os colocam à margem da sociedade, com problemas de estrutura familiar, desemprego, drogadição, pobreza e criminalidade;
> – Baixa autoestima, alguns alunos sentem-se inferiores aos demais de sua faixa etária, por não terem tido oportunidade de estudar na idade certa (Ribeiro, 2016, p. 45).

Esse coletivo de desafios compromete o trabalho pedagógico da aprendizagem. O aluno com TDAH é um aluno real e deve ser ajustado com a turma por meio de todos os apoios possíveis e necessários ao seu tratamento, condição e realidade, a partir de laudo médico.

A apropriação do TDAH pelos educadores pode servir também ao descomprometimento, pois se utiliza de um quadro de referência que expropria o professor de seu poder de intervenção no problema. Tal problemática passa a situar-se no organismo do aluno, o que supõe questionamentos localizados no cerne da relação professor-aluno e no processo ensino-aprendizagem, como: "o que tanto lhe inquieta? Onde está sua atenção? Falta atenção ou deseja atenção?". Não se trata de negar a existência e a influência de comprometimentos orgânicos ou psicológicos apresentados pelas crianças e jovens, mas de entender que as relações escolares têm papel fundamental no que se refere à vivência nesse contexto.

Será necessário o apoio pedagógico advindo de um poder público que (re)conheça e que acrescente à questão momentos de cuidado e amparo ao professor e à comunidade escolar que sobrevive a isso.

Conforme Moscovici (1978, pp. 21-22), não podemos interpretar tais dados apenas como o resultado da desinformação por parte dos professores, o que nos encaminha para uma impressão de degradação, simplificação ou falta de conhecimento sobre o assunto por parte desses docentes. Isso geraria a convicção de que a maioria dos professores "não está apta a receber e utilizar corretamente esse saber". Precisamos entender que o professor é a mola mestra para o processo de ensinar e aprender. Os movimentos clínicos e medicamentosos devem ser amparados por uma comunidade consciente, por uma família presente e por um acompanhamento médico necessário a cada caso.

7

CONCLUSÕES

A contribuição do presente trabalho à educação é a de salientar a importância de transformar em ação, interferência e discussão uma "mistificação cientificizada" que vem sendo informada e incorporada como verdade no contexto escolar.

Para que essa transformação aconteça, é preciso acreditar em construções, no espaço escolar, para além da repetição, do comodismo e dos preconceitos, sendo isso uma consequência da implicação do educador. Os dados evidenciaram que o TDAH é uma nomeação bastante usada na atualidade, importante na escola para referir-se aos comportamentos apresentados como diferenciados do padrão ideal normativo, que incomodam a escola e que são causadores do mal-estar docente.

> Os portadores de TDAH têm uma alteração nas substâncias que passam as informações entre as células nervosas, os chamados neurotransmissores. No caso do TDAH, é o controle de liberação da dopamina e da noradrenalina que está alterado. Esses neurotransmissores são importantes especialmente na região anterior do cérebro, o lobo frontal, e suas conexões para vários outros locais no cérebro. Os centros reguladores das emoções também parecem frequentemente alterados no TDAH (Mattos & Paulo, 2013, p. 64).

O TDAH existe e precisa ser visto com mais cautela e profissionalismo pela gestão municipal e deve ter atendimento incluído nas questões da EE e de toda equipe que trabalha com alunos com diagnósticos expressivos. Deverá fazer parte do escopo e compor a relação de doenças tratadas e cuidadas pelo setor da Educação Inclusiva dessa prefeitura municipal.

Mesmo que variados problemas escolares possam ser nomeados com o diagnóstico de TDAH, podemos sintetizar esse fenômeno, por meio das construções representativas dos educadores, com os conceitos "desconcentração/desatenção" e "inquietação"/"agitação." Esses conceitos remetem, respectivamente, às dificuldades de aprendizagem e aos desvios de comportamentos – problemas que marcam o cenário escolar atual.

Este estudo/pesquisa pode explicar a grande incidência desse diagnóstico nos últimos tempos, levando-nos a crer que o aluno com TDAH é o protótipo atual da "criança problema". A fragilidade e a inconsistência desse diagnóstico são apontadas pelos professores quando estes evidenciam, por meio do julgamento que se faz dos sintomas apresentados pelas crianças, o quanto são subjetivos os critérios que definem o diagnóstico da doença.

Tal inconsistência diagnóstica aparece, também, mediante uma polêmica levantada pelos professores sobre se o TDAH é mesmo uma patologia. São apresentadas várias formas de leitura dos sintomas, nas quais a família e a sociedade atual aparecem associadas à grande incidência desses sintomas. Tomando por base o que Kirk e Gallagher (1991, p. 53) descreveram: "Um aluno tem necessidades educativas especiais quando a sua deficiência ou a sua imperfeição física ou psicológica não lhe permite atingir, da mesma forma que os outros, aquilo que lhes é ensinado normalmente na escola".

Assim, a "atenção desproporcional" ou "descaso" da família e da sociedade atual à educação das crianças; a insuficiência da interdisciplinaridade ou a interlocução de saberes sobre o transtorno; e as inadequações do sistema educacional para acolher as crianças ditas diferentes são apresentadas como causas do desamparo sentido pelos professores.

Esse desamparo se transforma por preconceito, culpa, defesa ou comodidade em via de acesso do discurso médico à educação, fortalecendo os processos de patologização e medicalização dos problemas escolares.

Existe, para os educadores, uma preconcepção imaginária de uma "salvação" vinda dos especialistas ou de fora do contexto escolar, como é mostrado nos trabalhos de Collares e Moysés (1993). Inclusive, referindo-se ao encaminhamento ao psicólogo, Miranda et al. (2006) evidenciam que não passa despercebida a expectativa do professor de que esse profissional possa remover das crianças os aspectos insuportáveis apresentados na relação professor-aluno. O psicólogo "conserta", o médico "conserta" ou o remédio "conserta" o que acontece nessa relação educacional, sem reconhecer o lugar privilegiado do profissional pertencente a esse contexto.

Outro ponto de relevância desta pesquisa refere-se à ênfase dada ao lugar do professor como construtor de conhecimentos e de soluções educativas para lidar com a sintomática do TDAH e de outros problemas escolares.

Assim, nessa aposta na elaboração de conhecimentos e de condutas, a escolha metodológica pela Teoria das Representações Sociais mostrou-se fundamental, pois, num percurso gradativo, utilizando três recursos metodológicos, pôde-se perceber um processo de conscientização e mobilização de possibilidades construtivas por parte dos professores, o que levou esse momento investigativo a tornar-se, também, uma intervenção prática.

Observou-se que, apesar da submissão e da aproximação da educação ao discurso médico, existe a possibilidade de se construir uma resposta à problemática do TDAH, resposta que não se reduz simplesmente a nomear, segregar e medicar as crianças.

Dessa forma, a relação professor-aluno foi referenciada pelos educadores como a principal intervenção. "A tarefa e o compromisso de contribuir para resgatar a autonomia decisivo-executória do professor, para revalorizar a prática pedagógica como esforço coletivo e para transformar normas, valores e expectativas" são descritos por Prette e Prette (2001, p. 153) como relativos à prática atual do psicólogo educacional.

Enfatiza-se, também, neste trabalho, a tentativa de cumprimento dessa tarefa e compromisso. Esta pesquisa não tem pretensão de criar ou sustentar uma teoria que defina o TDAH, pelo contrário, visa mostrar a fragilidade das definições propostas e suas consequências para a escola e para suas crianças ditas diferentes. Até porque, estando pautada num percurso psicanalítico e percebendo o "sintoma" como o que há de mais particular em cada sujeito, não propomos emoldurar sintomatologias. Afinal, o que a psicanálise acredita é que cada sujeito possa se haver com a singularidade de seu sintoma, mesmo que genericamente ele seja nomeado de "TDAH", "hiperatividade", "Déficit de atenção". Mais que propor informações sobre o TDAH aos educadores, esta pesquisa se apresenta como um crédito à capacidade deles de criar conhecimentos e soluções.

Não se nega a possibilidade de o TDAH se afirmar um dia como patologia orgânica, porém, não com a maleabilidade diagnóstica que possui atualmente, mas sim com critérios diagnósticos mais objetivos e confiáveis. Enquanto isso não é fato, o que nos resta são produções em espaço de discussões, dialogando com teorias acerca do tema, afinal, o TDAH, hoje, possui as certezas que estão na sala de aula.

Acredita-se que existam várias formas de evidenciar o fenômeno do TDAH, uma vez que a entidade nosológica ainda se encontra incerta, embora os sintomas sejam claramente percebidos. Nesse sentido, buscar uma discussão ou um "contrassenso" que aceite a polemização ou a problematização e que não force o consenso seria a saída mais viável para a construção de uma resposta educacional ao TDAH.

Todo ser humano deve ter a oportunidade de se desenvolver, de crescer, progredir e se firmar na difícil arte do saber e do viver bem. Sentir-se satisfeito com o desenvolvimento e o saber adquirido poderá trazer desesperança e frustrações diante da velocidade de informações em que vivemos. Por acreditar que devemos buscar sempre mais, este trabalho tem a preocupação de alertar sobre as possibilidades de sucesso escolar, familiar e profissional, especificamente aos portadores do TDAH.

O portador do TDAH passa por situações difíceis diante do desconhecimento do transtorno pelos que o cercam, sendo mal interpretado em família, na escola e socialmente, podendo ser julgado e nomeado com termos pejorativos que irão afetar sua imagem e abalar sua autoestima.

Desse modo, sugerimos e apoiamos a inclusão desse transtorno no escopo dos alunos que poderão ser tratados pela EE nesta Prefeitura. Só assim poderemos ter melhores notícias e amparar o sujeito com cobertura metodológica específica para os determinados casos. Desse modo, teremos um trabalho de sala de aula significativo, conclusivo e eficaz para todos.

O tratamento é multidisciplinar, passando por um grupo de multiprofissionais: neurologistas especializados, que deverão fazer parte dos profissionais desta Prefeitura para diagnóstico; psicopedagogos (itinerantes, também pertencentes à rede), que ajudem tanto os professores quanto os alunos a compreenderem/entenderem as dificuldades/limitações; um pedagogo/professor, que auxiliará no entendimento e multiplicação dos conhecimentos, sugerindo propostas de intervenção pedagógicas; assistentes sociais, para atendimento à família (que ao tomar ciência de suas necessidades especiais deve ser orientada quanto às condutas e "apoio" ao portador do TDAH), encorajando-os em sua trajetória.

Reitera-se a necessidade de presença de estagiários de pedagogia em todas as salas de aula, principalmente naquelas em que há alunos com laudo de TDAH, para acompanhamento e assessoramento ao professor e alunos.

Sugere-se como Projeto de Lei a inclusão do atendimento do aluno com TDAH pela Educação Especial, municipalizado, pois somente no início do ano letivo de 2016 é que 'timidamente' emergiu preocupação e ação com esse tipo de problema de aprendizagem. E, como terceira sugestão, a inclusão da disciplina de Neurociências nos cursos de Pedagogia, com vistas à formação de profissionais capacitados.

O sucesso na aprendizagem para quem tem TDAH é viável e pode ser considerado ponto certo para o seu caminhar.

REFERÊNCIAS

Ainscow, M. (1997). *Caminhos para escolas inclusivas.* Lisboa: Instituto de Inovação Cultural.

Alarcão, I. (Org.). (1996). *Formação reflexiva de professores*: estratégias de supervisão. Portugal: Porto Editora.

Alves, R. (2007, maio 6). Pessoas inquietas e hiperativas podem ter DDA. *Jornal de Piracicaba*, Caderno Movimento, Seção Movimento e Saúde.

André, M. (2004). A pesquisa no cotidiano escolar. In I. Fazenda (Org.). *Metodologia da pesquisa educacional* (9a ed.). São Paulo: Cortez.

Antunes, C. (2003). *Inteligências múltiplas* (2a ed.). São Paulo: Editora Salesiana.

Antunes, C. (2003). *Miopia da atenção*: problemas de atenção e hiperatividade em sala de aula (2a ed.). São Paulo: Salesiana.

Araújo, R. (2008, maio/set.). Formação de docentes para a educação profissional e tecnológica: por uma pedagogia integradora da educação profissional. *Trabalho e Educação, 17*(2), 53-63.

Ballone, G. (1999). Atenção e memória. In PsiqWeb Psiquiatria Geral, Internet. Recuperado de http://www.psiqweb.med.br/cursos/memoria.html

Ballone, G. (2001). Distúrbio de déficit de atenção em adultos. In: PsiqWeb Psiquiatria Geral. Recuperado de http://gballone.sites.uol.com.br/voce/dda_adulto.html.

Barkley, R. (2002). *Transtorno de déficit de atenção/hiperatividade*: guia completo e autorizado para pais, professores e profissionais da saúde. Porto Alegre: Artmed.

Barreto, M. (2005). A prevenção dos problemas de aprendizagem e as capacidades e competências mínimas para a participação produtiva no século XXI. *Psicopedagogia – Revista da Associação Brasileira de Psicopedagogia, 22*(68).

Basílio, V. (2010). *A prática pedagógica no ensino superior*: o desafio de tornar-se professor (Dissertação de mestrado). Programa de Pós-Graduação em Educação, Centro de Ciências da Educação, Universidade Federal do Piauí, Teresina, PI, Brasil.

Batista, C. (1977). Concordância e fidedignidade na observação. *Psicologia, 3*(2), 39-49.

Batista, C., & Matos, M. (1984). O acordo entre observadores em situação de registro cursivo: definições e medidas. *Psicologia, 3*(10), 57-69.

Beltrão, M. (2012). *Investindo na pedagogia com projetos*: visão acadêmica (1a ed.). São Paulo: Editora Delicatta.

Benczik, E. (2002). *Transtorno de déficit de atenção/hiperatividade*: atualização diagnóstica e terapêutica: um guia de orientação pra profissionais. (2a ed.). São Paulo: Casa do Psicólogo.

Brandão, C. (1984). *O educador*: vida e morte. Rio de Janeiro: Graal.

Bregantini, E. (2001, out.). O mito da dificuldade de aprendizagem e da deficiência. *Psicopedagogia – Revista da Associação Brasileira de Psicopedagogia, 19*(56), 27-34.

Calleja, J. (2008). Os professores deste século: algumas reflexões. Revista Institucional Universidad Tecnológica del Chocó: Investigación, Biodiversidad y Desarrollo, 27(1), 109-110.

Candau, V. (1999). *Magistério*: construção cotidiana (3a ed.). Petrópolis: Vozes.

Candau, V., & Lelis, A. (1990). A relação teoria-prática na formação do educador. In V. M. Candau (Org.). *Rumo a uma nova didática*. Petrópolis: Vozes.

Capellini, S. (2005). Problemas de aprendizagem relacionados às alterações da linguagem. *Iberpsicología: Revista Electrónica de la Federación española de Asociaciones de Psicología, 10*(3).

Capra, F. (1982). *O ponto de mutação*: a ciência, a sociedade e a cultura emergente (A. Cabral, Trad.) (20a ed.) São Paulo: Cultrix.

Cervo, A., Bervian, P., & Silva R. (2007). *Metodologia científica* (6a ed.). São Paulo: Pearson Prentice Hall.

Christovam, M. (2004). A formação permanente do educador e o processo ensino--aprendizagem. In S. Colombo (Org.). *Gestão educacional*: uma nova visão. Porto Alegre. Artmed.

Ciasca, S. (2003). *Distúrbios de aprendizagem*: proposta de avaliação interdisciplinar. São Paulo: Casa do Psicólogo.

Cirio, R. (2008). *Transtorno de déficit de atenção/hiperatividade*: propostas para pais e professores. São Paulo: Vetor.

Collares, C. A. L., & Moysés, M. (1992). O renascimento da saúde escolar legitimando a ampliação do mercado de trabalho na escola. *Cadernos CEDES*: O sucesso escolar um desejo pedagógico. (n. 28, pp. 23-29). Campinas: Papirus.

Collares, C. A. L., & Moysés, M. (1993). A história não contada dos distúrbios de aprendizagem. *Cadernos CEDES*, *28*, 31-48.

Cordié, A. (1996). *Os atrasados não existem*: psicanálise de crianças com fracasso escolar (S. Flach, & M. D'Agord, Trad.). Porto Alegre: Artes Médicas.

Correia e outros. (2001). *A psicanálise e seus paradoxos*; seminários clínicos. Salvador: Ágalma; Recife: Centro de Estudos Freudianos do Recife.

Costa, V. (1999). *Novas formas de coordenação e financiamento*. São Paulo: FUNDAP/ Cortez.

Costa, A. (2005). Capacitação do profissional de educação física: obrigação ou oportunidade? *Anais do Congresso Norte Paranaense de Educação Física Escolar* (CONPEF), Londrina-PR, 2.

Costa, D., & Palma, A. (2005). O efeito do treinamento contra resistência na síndrome dador lombar. *Revista Portuguesa de Ciências do Desporto*, *5*(2), 224-234.

Cunha, L. (2005). *O ensino profissional na irradiação do industrialismo* (2a ed.). São Paulo: Editora Unesp. Brasília: Flacso.

Davidoff, L. (2001). *Introdução à psicologia* (3a ed.). São Paulo: Makron.

Delors, J. (2003). *Educação*: um tesouro a descobrir. Relatório para a UNESCO da Comissão Internacional sobre educação para o século XXI. São Paulo: Cortez.

Demailly, L. (1992). Modelos de formação contínua e estratégias de mudança. In A. Nóvoa (Org.). *Professores e sua formação*. Lisboa: Dom Quixote.

Diniz, N. (2007). *Distraído e a 1000 por hora*: guia para familiares, educadores portadores de transtorno de déficit de atenção/hiperatividade. Porto Alegre: Artmed.

Dolto, F. (2002). *Tudo é linguagem*. São Paulo: Martins Fontes.

Dominicè, P. (1990). *L'histoire de vie comme processus de formation*. Paris: Éditions L'Harmattan.

Ensslin, L. (2007). O design na pesquisa qualiquantitativa em engenharia de produção – questões a considerar. *Revista Gestão Industrial*, *3*(3), 172-185.

Falcão, D. (2001, fev. 15). Hiperatividade confunde pai, professor e médico. *Folha de S.Paulo*, Equilíbrio, 10-13.

Fernàndez, A. (1990). *A inteligência aprisionada* (I. Rodrigues, Trad.). Porto Alegre: Artes Médicas.

Ferraço, C. (Org.). (2011). *Currículo e educação básica*: por entre redes de conhecimentos, imagens, narrativas, experiências e devires. Rio de Janeiro: Rovelle.

Ferreira, A., & Mosquera, J. (2010, jul./dez.). Os professores da Educação Profissional: sujeitos (re)inventados pela docência. *Revista Liberato*, *11*(16), 89-188.

Flick, U. (2004). *Uma introdução à pesquisa qualitativa* (2a ed.) (S. Netz, Trad.). Porto Alegre: Bookman.

Fonseca, V. (1995). *Introdução às dificuldades de aprendizagem* (2a ed. rev. aum.). Porto Alegre: Artmed.

Fonseca, J. (2002). *Metodologia da pesquisa científica*. Fortaleza: UEC. Apostila.

Foucault, M. (1975). *Doença mental e psicologia*. Rio de Janeiro: Tempo Brasileiro.

Freire, P. (1979). *Educação e mudança*. Rio de Janeiro: Paz e Terra.

Freire, P. (1985). *Por uma pedagogia da pergunta*. Rio de Janeiro: Paz e Terra.

Freire, P. (1992). *Pedagogia da esperança*: um encontro com a pedagogia do oprimido (A. M. A. Freire, Notas). Rio de Janeiro: Paz e Terra.

Freire, P. (1996). *Pedagogia do oprimido*. São Paulo: Paz e Terra.

Freire, P. (1997). *Pedagogia da autonomia*: saberes necessários à prática educativa. São Paulo: Paz e Terra.

Freire, P. (2005). *A importância do ato de ler* (46a ed.) São Paulo: Editora Cortez.

Freire, P. (2005). *Pedagogia da autonomia*: saberes necessários à prática educativa (31a ed.). São Paulo: Paz e Terra.

Freire, P. (2015). *Pedagogia da autonomia* (51a ed.). São Paulo: Paz e Terra.

Freitas, A., & Peterossi, H. (2010). A educação profissional técnica de nível médio e a formação de professores: a atuação do Centro Paula Souza nos programas de formação. *Workshop de Pós-Graduação e Pesquisa do Centro Paula Souza*; *V Workshop de Pós-Graduação e Pesquisa*. São Paulo: Programa de Mestrado.

Frigotto, G. (1996). *Educação e a crise do capitalismo real*. São Paulo: Cortez.

Gadotti, M. (2003). *Boniteza de um sonho*: ensinar e aprender com sentido. São Paulo: Grubhas.

Gatti, B. A. (1996, ago.). Os professores e suas identidades: o desvelamento da heterogeneidade. *Cadernos de Pesquisa*, São Paulo, 98, 85-90.

Gatti, B. (2002). A construção da pesquisa em educação no Brasil. Brasília: Plano.

Gatti, B. (2004). *Formação de professores no Brasil*: problemas, propostas e perspectivas. Recuperado de http://reduc.cl/reduc/gatti.pdf

Gatti, B. (2005). Grupo focal na pesquisa em ciências sociais e humanas. Brasília: Líber Livro.

Gil, A. (1994). *Métodos e técnicas de pesquisa social* (4a ed.) São Paulo: Atlas.

Gil, A. (1995). Métodos e técnicas de pesquisa social. São Paulo: Atlas.

Gil, A. (1999). Métodos e técnicas de pesquisa social. São Paulo: Atlas.

Gil, A. (2004). "DDA" e outras novas siglas associadas a limitações de ensino e aprendizagem escolar. *Psicopedagogia – Revista da Associação Brasileira de Psicopedagogia*, *10*(21), 164-176.

Gil, A. (2010). *Como elaborar projetos de pesquisa*. (5a ed.). São Paulo: Atlas.

Gimeno S. (1991). Consciência e ação sobre a prática como libertação profissional dos professores. In A. Nóvoa (Org.). *Profissão professor*. Porto: Porto Editora.

Godoy, A. (1995). Introdução à pesquisa qualitativa e suas possibilidades. Revista de Administração, São Paulo, 35, n.2, p. 57-63.

Goldstein, S. (1998). Compreensão, avaliação e atuação: uma visão geral sobre o TDAH. Recuperado de http://www.hiperatividade.com.br/article.php?sid=14

Gomes, M., Palmini, A., Barbirato, F., Rohde, L.A., & Mattos P. (2007). Conhecimento sobre o transtorno do déficit de atenção/hiperatividade no Brasil. *J Bras Psiquiatra*, *56*(2), 94-101.

Grillo, M., & Mattei, P. (2005). Saberes docentes, identidade profissional e docência. In D. Enricone, & M. Grillo (Org.). *Educação superior*: vivências e visão de futuro (pp. 99-112). Porto Alegre: Edipucrs.

Guimarães, D. (2006). *Dicionário técnico jurídico* (8a ed.). São Paulo: Rideel.

Hallowell, E. (1999). *Tendência à distração*: identificação e gerência do Distúrbio do Déficit de Atenção da Infância a vida adulta (A. Carvalho, Trad.). Rio de Janeiro: Rocco.

Hernández, A., Torres, J. A., & Barros, C. (2013). *Aspectos fundamentais da pesquisa científica*. Granada, España: Impresión Digital Gami.

Huberman, M. (1989). *La vie do enseignants*: evolution et bilan de une profession. Paris: Delachaux et Niestlé.

Kaplan, S. (2003). *Compêndio de psiquiatria*: ciências do comportamento e psiquiatria clínica (7a ed.). Porto Alegre: Artmed.

Kramer, S. (1989). *Com a pré-escola nas mãos*: uma proposta curricular. São Paulo: Ática.

Kirk, S., & Gallagher, J. (1991). *Educação de criança excepcional* (2a ed.). São Paulo: Martins Fontes.

Leão, L. A. (2009). *Pratica pedagógica nos cursos de educação profissional técnica de nível médio em saúde*: a percepção do professor (Dissertação de mestrado). Programa de Pós-Graduação em Saúde Pública, Escola Nacional de Saúde Pública Sérgio Arouca, Fundação Oswaldo Cruz, Rio de Janeiro, RJ, Brasil.

Libâneo. J. (1999). *Adeus professor, adeus professora?* Novas exigências educacionais e profissão docente (3a ed.). São Paulo: Cortez.

Luckesi. C. (1999). *Avaliação da aprendizagem escolar* (9a ed.). São Paulo: Cortez.

Machado, L. (2008, jun.). Diferenciais inovadores na formação de professores para a educação profissional. *Revista Brasileira da Educação Profissional e Tecnológica*, *1*(1), 8-22.

Mantoan, M. T. E. (2003). *Inclusão escolar*: o que é? por quê? como fazer? São Paulo: Moderna.

Marcílio, L. (2004). Transtorno do déficit de atenção e hiperatividade/impulsividade – diagnóstico e tratamento farmacológico. In L. E. L. R. Valle. (Org.). *Temas multidisciplinares de neuropsicologia e aprendizagem*. Ribeirão Preto: Tecmedd.

Marques, C. (2001). *A imagem da austeridade na mídia*. Tese de doutorado em Comunicação e Cultura). Universidade Federal do Rio de Janeiro, Rio de Janeiro, RJ, Brasil.

Marques, L. (1992). *Em busca da compreensão da problemática da família do excepcional.* Dissertação de mestrado em Educação). Pontifícia Universidade Católica do Rio de Janeiro, Rio de Janeiro, RJ, Brasil.

Martins, J. (2004). A pesquisa qualitativa. In I. Fazenda (Org.). *Metodologia da pesquisa educacional* (9a ed.). São Paulo: Cortez.

Mattos, P. (2003). No mundo de perguntas e respostas sobre o TDAH em crianças, adolescentes e adultos (3a ed.). São Paulo: Lemos.

Mattos, P. (2013). *No mundo da Lua*: Transtorno do Déficit de Atenção com Hiperatividade – TDAH (14a ed.). Rio de Janeiro: Editora ABDA.

Mediano, Z. (1992). A formação em serviço do professor a partir da pesquisa e da prática pedagógica. *Tecnologia Educacional*, 105/106, 31-36.

Mendonça, A. (1991). A escola como espaço de formação continuada do professor. *Revista de Educação da AFC*, 79, 39-42.

Menezes, E., & Santos, T. (2001). Gestão escolar (verbete). *Dicionário Interativo da Educação Brasileira – Educa Brasil*. São Paulo: Midiamix.

Menezes, E., & Santos, T. (2002). Reforma Capanema (verbete). *Dicionário Interativo da Educação Brasileira – Educa Brasil*. São Paulo: Midiarnix.

Minayo, M. (Org.). (2001). *Pesquisa social*: teoria, método e criatividade. Petrópolis: Vozes.

Miranda, C., Alba, A., Marco, T., Rosello, B., & Mulas, F. (2006). Dificultades en el aprendizaje de matemáticas en ñinos com trastorno por déficit de atención e hiperactividad. *Revista de Neurología*, 42(supl. 2), 163-170.

Moliner, P. (1992). Les methodes de reperage et d'identification du noyau des représentations sociales. In C. Guimelli (Org.). *Structures et transformations des représentations sociales* (pp. 199-232). Paris: Delachaux et Niestlé.

Morais, R. (1999). *O manifesto da transdisciplinaridade* (L. P. de Souza, Trad.). São Paulo: Triom.

Morais, R. (2001). Uma visão de educação sócio-comunitária. In B. Nicolescu. *Reforma da educação e do pensamento*: complexidade e transdisciplinaridade. Recuperado de http://www.engenheiro2001.org.br/boletins/boletim_8/boletim_5.hym

Morais, R. (2003). *Educação contemporânea*: olhares e cenários (Coleção Educação em Debate). Campinas: Alínea.

Morais, R. (2004). *Educação, mídia e meio ambiente* (Coleção Educação em Debate). Campinas: Alínea.

Moscovici, S. (1978). *A representação social e a psicanálise* (Á. Cabral, Trad.). Rio de Janeiro: Zahar.

Moscovici, S. (2000). Prefácio. In P. A. Guareschi, & S. Jovchelovitch (Org.). *Textos em representações sociais* (6a ed.). Petrópolis: Vozes.

Motta, E. (1997). *Direito educacional e educação no século XXI*: com comentários à nova lei de diretrizes e bases da educação nacional (D. Ribeiro, Prefácio). Brasília: Unesco.

Moura, D. (2007). Educação básica e educação profissional: dualidade histórica e perspectivas de integração. *Holos*, 23, 2, 4-30.

Myers, D. (1999). *Introdução à psicologia geral* (5a ed.). Rio de Janeiro: LTC.

Nicolescu, B. (1999). *O manifesto da transdisciplinaridade.* (L. P. de Souza, Trad.). São Paulo: Trion.

Nijs, P., Ferdinand, F., Bruin, E., Dekker, M., van Duijn C., & Verhulst, F. (2004). Attention-deficit/hyperactivity disorder (ADHD): parents' judgment about school, teachers' judgment about home. *Eur Child Adolesc Psychiatry*, *13*(5), 315-20.

Nietzsche, F. (2011). Sobre o futuro dos nossos estabelecimentos de ensino. In: *Escritos sobre educação* (pp. 91, 131, 157). Rio de Janeiro: Editora PUC Rio; São Paulo: Edições Loyola.

Nogueira, A. (Org.). (2000). *Ciência para quem?* Formação científica para quê? A formação do professor conforme desafios regionais. Petrópolis: Vozes.

Nóvoa, A. (1991). Concepções e práticas da formação contínua de professores: In A. Nóvoa (Org.). *Formação contínua de professores*: realidade e perspectivas. Aveiro: Universidade de Aveiro.

Nóvoa, A. (1992). *Os professores e a sua formação*. (G. Cunha, C. Hespanha & C. Afonso, Trad.). Lisboa: Dom Quixote.

Nóvoa, A. (Org.) (1992). *Vida de professores*. Porto: Porto Editora.

Oliveira, A. (1981). *Introdução ao pensamento filosófico*. Vitória: Edições Loyola.

Oliveira, R. (1991). Falando de criatividade. In *Formação contínua de professores*: realidades e perspectivas. Aveiro: Universidade de Aveiro.

Palheta, P. (2008). *Dificuldades do aprender a aprender na educação de jovens e adultos do ensino profissionalizante* (Monografia). Universidade Federal de Minas Gerais, Belo Horizonte, MG, Brasil.

Patto, M. (1991). *A produção do fracasso escolar*: histórias de submissão e rebeldia. São Paulo: T. A. Queiroz.

Perez, S. G., & Freitas, S. N. (2014). Políticas públicas para Altas Habilidades/Superdotação: Incluir ainda é preciso. *Revista Educação Especial*, 27.

Perozim, L. (s.d.). O Ministério da sensatez adverte: NENHUM REMÉDIO EDUCA – Sem diagnóstico seguro, cresce a prescrição de psicotrópicos que "acalmam" e "concentram" crianças consideradas hiperativas e com baixo rendimento escolar. *Revista Educação*, *9*(104).

Perrenoud, P. (1993). *Práticas pedagógicas, profissão docente e formação*: perspectivas sociológicas. Lisboa: Dom Quixote.

Perrenoud, P. (1999). *Avaliação*: da excelência à regulação das aprendizagens. Porto Alegre: Artmed.

Perrenoud, P. (2000). *Pedagogia diferenciada*: das intenções à ação. Porto Alegre: Artmed.

Phelan, T. (2005). *TDA/TDAH Transtorno de Déficit de Atenção e Hiperatividade* (T. Kassner, Trad.). São Paulo: M. Boocks do Brasil Editora Ltda.

Pimenta, S. (1997, set.). Formação dos professores: saberes da docência e identidade do professor. *Revista Nuances*, *3*(3), 5-14.

Pimenta, S., & Almeida, M. (Org.). (2009). *Pedagogia universitária*. São Paulo: Editora da Universidade de São Paulo.

Prada, L. (1997). *Formação participativa de docentes em serviço*. Taubaté: Cabral Editora Universitária.

Prette, Z. Del, & Prette, A. Del. (2001). Inventário de Habilidades Sociais *(IHS-Del-Prette)*: manual de aplicação, apuração e interpretação (v. 1). São Paulo: Casa do Psicólogo.

Ratey, J. (1997). *Síndromes silenciosas*: como reconhecer as disfunções psicológicas ocultas que alteram o curso de nossas vidas. Rio de Janeiro: Objetiva.

Raupp, F. (2003) Metodologia da pesquisa aplicável às Ciências Sociais. In I. M. Beuren (Org.). *Como elaborar trabalhos monográficos em contabilidade*: teoria e prática (v. 1, p. 76-97). São Paulo.

Reis, H. *A teoria fundamental do coaching*. 2008. Recuperado de: http://www.hrconsultoria.com.br

Relvas, M. (2008). *Neurociências e transtorno de aprendizagem*: as múltiplas eficiências para uma educação inclusiva (2a ed.). Rio de Janeiro: Wak Editora.

Relvas, M. (2009). *Neurociência e educação*: potencialidades dos gêneros humanos na sala de aula. Rio de Janeiro: Wak Editora.

Ribeiro, A. E. (2016). *Textos multimodais*: leitura e produção. São Paulo: Parábola Editorial.

Rohde, L. (2003). *Princípios e práticas em TDAH*. Transtorno de Déficit de Atenção/ Hiperatividade. Porto Alegre: Artmed.

Rohde, L., & Benczik, E. (1999). *Transtorno de déficit de atenção hiperatividade*: O que é? Como ajudar? Porto Alegre: Artmed.

Rohde L et al. (2003). *Princípios e práticas em TDAH*. Porto Alegre: Artmed.

Rotta, N. (2006). *Transtornos da aprendizagem*. Porto Alegre: Artmed.

Sá, C. (1996). Núcleo central das Representações Sociais. Petrópolis: Vozes.

Sá, C., Moreira, A., & Oliveira, D. (Org.). (1998). *Estudos interdisciplinares de Representação Social*. Goiânia: AB.

Santos, C. (2003). *Educação escolar brasileira*: estrutura, administração e legislação (2a ed.). São Paulo: Thomson.

Saramago, J. (1998). *O conto da ilha desconhecida*. São Paulo: Companhia das Letras.

Saviani, D. (2000). *Saber escolar, currículo e didática* (3a ed.). Campinas: Autores Associados.

Sax, K., & Kautz, K. (2003). Who First Suggests the Diagnosis of Attention - Deficit/ Hyperactivity Disorder? *Annals of Family Medicine*, *1*(3), 171-174.

Sayal, K., & Taylor, E. (2006). Parent ratings of school behavior in children at risk of attention deficit/hyperactivity disorder. *Acta Psychiatr Scand*, *111*(6), 460-465.

Schön, D. (1992). Formar professores como profissionais reflexivos. In A. Nóvoa (Org.). *Os professores e a sua formação* (pp. 77-91). Lisboa: Dom Quixote.

Severino, A. (2003). Preparação técnica e formação ético-política dos professores. In R. Barbosa (Org.). *Formação de educadores*: desafios e perspectivas (pp. 71-89). São Paulo: Editora UNESP.

Silva, A. (2003). *Mentes inquietas*: entendendo melhor o mundo das pessoas distraídas, impulsivas e hiperativas. São Paulo: Ed. Gente.

Silva, C. (2007). O manifesto da transdisciplinaridade (resenha). *Revista FAMECOS*, *14*(32), 137-139.

Silva, E. L., & Menezes, E. (2005). *Metodologia da pesquisa e elaboração de dissertação* (4a ed.). Florianópolis: UFSC.

Skyscrapercity, 2015. Recuperado de https://www.skyscrapercity.com/threads/vit%C3%B3ria-2015.1812174/.

Soares, M. (2008). *Alfabetização e letramento*. São Paulo: Contexto.

Strick, C., & Smith, L. (2001). *Dificuldades de aprendizagem de A a Z*: um guia completo para pais e educadores. Porto Alegre: Artmed.

Tardif, M., Lessard, C., & Lahaye, L. (1991). Os professores face ao saber: esboço de uma problemática do saber docente. *Teoria e Educação*, *4*, 215-233.

Tardif, M. (2002). Saberes docentes e formação profissional. Petrópolis: Vozes.

Tavares, J. et al. (1991). Dimensão do desenvolvimento pessoal e social na formação contínua de professores. In: *Formação contínua de professores*: realidades e perspectivas. Portugal: Universidade de Aveiro.

Tiba, I. (1996). *Disciplina, limite na medida certa* (52a ed.). São Paulo: Ed. Gente.

Torres, M. (2007). *A formação de professores nos ISES*: uma experiência alternativa em questão Tese (doutorado em Educação). Universidade Federal do Rio de Janeiro, Rio de Janeiro, RJ, Brasil, 2007.

Tozoni, R. (2010). *Metodologia da pesquisa* (2a ed.). Curitiba: IESBE Brasil/S.A.

Travassos, J. (1991). Dimensão pedagógica e didática na formação contínua de professores. In: *Formação contínua de professores*: realidades e perspectivas. Aveiro: Universidade de Aveiro.

Triviños, A. N. (1987). *Introdução à pesquisa em ciências sociais*: a pesquisa qualitativa em educação. São Paulo: Atlas.

Unesco (1999). *Educação*: um tesouro a descobrir. São Paulo: Cortez Editora.

Unesco (2003, jun. 13). *Pronunciamento*: os quatro pilares da educação: o seu papel no desenvolvimento humano. São Paulo.

Vale, M., & Guedes, T. (2003). Habilidades e competências do professor frente à inclusão. In F. de P. Nunes Sobrinho (Org.). *Inclusão educacional*: pesquisa e interfaces. Rio de Janeiro: Livre Expressão.

Vergara, S. (2004). Projetos e relatórios de pesquisa em administração (4a ed.). São Paulo: Atlas.

Vergara, S. (2006). Projetos e relatórios de pesquisa em administração (7a ed.). São Paulo: Atlas.

Vieira, S. (2008). *Educação básica*: política e gestão da escola. Fortaleza: Liber.

Wuo, R. (1999). O Déficit de Atenção e a importante função de escutar. *Psicopedagogia – Revista da Associação Brasileira de Psicopedagogia*, *18*(48).

Zuany, M. (2012). *Formação pedagógica, permanência e sucesso escolar*: um estudo no IFES/Campus Cachoeiro de Itapemirim-Brasil Tese (doutorado). Universidad del Norte, Asunción, Paraguay.

RESOLUÇÕES

Declaração de Salamanca e linha de ação sobre necessidades educativas especiais (1994). Brasília: Corde.

Declaração de Salamanca, Espanha. (1994). *Conferência Mundial sobre Necessidades Educativas Especiais*: acesso e qualidade. 7-10 jun. 1994.

Declaração mundial sobre educação para todos: satisfação das necessidades básicas de aprendizagem. (1990). Jomtien, Tailândia: UNESCO.

Resolução CNE/CEB 4/2009. (2009). *Diário Oficial da União*, Brasília, 5 out. 2009, Seção 1, p. 17.

LEGISLAÇÕES

Brasil (1972). *Lei nº 5.692, de 11 de agosto de 1971*. Fixa Diretrizes e Bases para o ensino do 1º e 2º graus. In Legislação Fundamental (Pe. José Vasconcelos, Org.). Rio de Janeiro.

Brasil (1990). *Estatuto da Criança e do Adolescente – ECA*. Lei nº 8069, de 13 de julho de 1990. Brasília.

Brasil (1996). *Lei nº 9.394, de 20 de dezembro de 1996*. Lei de Diretrizes e Bases da Educação Nacional. Brasília: MEC/DF.

Brasil (1996). Ministério da Educação. *Lei de Diretrizes e Bases da Educação Nacional*. LDB nº 9.394, de 20 de dezembro de 1996. Brasília, 1996. Recuperado de portal.mec.gov.br/arquivos/pdf/ldb.pdf

Brasil (1998). Conselho Nacional de Educação. *Parecer 15/98, de 1 de junho de 1998*. Estabelece diretrizes nacionais para o Ensino Médio. Relatora: Guiomar Namo de Melo. Documento/Brasília, junho.

Brasil (2001, set. 11). Diretrizes Nacionais para a Educação Especial na Educação Básica. Resolução CNE/CEB nº 2. *Diário Oficial da União*, Brasília.

Brasil (2004). *Ampliação do Ensino Fundamental para nove anos*: orientações gerais. Brasília: MEC/SEB.

Brasil (2006). Secretaria de Educação Básica. Ampliação do ensino fundamental para nove anos: 3º relatório do programa/Secretaria de Educação Básica. Brasília: MEC.

Brasil (2007). Constituição da República Federativa do Brasil, 1988 (40a ed.). São Paulo: Saraiva.

Brasil (2007). *Estatuto da Criança e do Adolescente* (15a ed.). São Paulo: Saraiva.

Brasil (2008). Política Nacional de Educação Especial na Perspectiva da Educação Inclusiva. Brasília: MEC/SEEP.

SOBRE A AUTORA

DRA. MONIQUE FERREIRA MONTEIRO BELTRÃO

Possui graduação em Pedagogia pela Universidade Celso Lisboa RJ. (1993), Psicopedagoga pela Universidade Estadual de Minas Gerais. U.E.M.G. (1998). Especialista em Direito Educacional no Processo Ensino Aprendizagem – Faculdades Clarentianas S.P. (1995). Mestrado em Educação e Psicologia pela Universite Libre Des Sciences De L'homme de Paris – França (2012) e Doutorado em Ciência de La Educacion pela Universidade Autônoma de Assunção – U.A.A. em Assunção Py (2017). Revalidação no Brasil em julho de 2018 pela Universidade Federal do Rio de Janeiro - UFRJ. Atualmente é professora palestrante sobre temas educacionais e Psicopedagógicos, Professora e Coordenadora do Curso de Pedagogia da Faculdade de Estudos Sociais Aplicados de Viana – FESAV. Pedagoga Doutora da Prefeitura Municipal de Vila Velha. Tem experiência na Área de Educação, Inclusão e ênfase em Educação no Processo Ensino Aprendizagem, atuando principalmente nos seguintes temas: Inclusão. Educação Básica. Trabalho Pedagógico. Processos Educacionais. Consultoria Técnica Pedagógica. Dificuldades na aprendizagem. Educação e contemporaneidade e Gestão Escolar. Em estudo na pós graduação em Neuropsicopedagogia Clínica, Institucional e Escolar pela Faculdade Global RS (2020) e Pós Doutoranda pela EBWU – UMIL BRUNNER WORLD UNIVERSITY. Miami – Flórida FL. (2020).

Este livro foi composto com tipografia ITC Berkeley Oldstyle Std
e impresso em papel Luxcream LD 70 g/m² na Gráfica Formato.